HAPPY BASEで月5万稼ぐ

ネットショップ副業♡

小代 有美
Ojiro Yumi

ぱる出版

はじめに

　ある日、当たり前のことが当たり前でなくなる。
　このような局面を近年私たちは、多く経験しているように感じます。
　東日本大震災、新型コロナウイルス感染拡大による緊急事態宣言。

　昨日まで当たり前だった毎日が急に変わる。このようなときに一番大切なことは、変化を受け止め対応していく力ではないでしょうか。
　最も強い者が生き残るのではなく、最も賢い者が生き延びるのでもない。唯一生き残ることができるのは、変化できる者である。
　ダーウィンの進化論にもあるように、これからの時代に必要なのは、変化する適応力であると考えています。過ぎ去った日を嘆くのではなく、これからをどうやって生きていくか、すぐに切り替えていける考え方。これがとても大事です。

　10年ほど前、東日本大震災の年だったと思います。ある日、勤めていた会社から言い渡された一言がありました。
　明日から会社の形態を変えるからもう来なくていい、仕事しなくていい。
　当時の私の仕事は、パート（主に主婦）に顧客を回る仕事を教えることでした。もともと、所属していた会社は訪問販売の会社でした。しかし訪問販売はもう時代が求めておらず、業態を変え、地域の主婦が顧客を回ることにより顧客を大切にする地域密着の会社へと変化し、ようやくうまくいきかけた矢先の会社からの通達でした。
　理由はバリバリの訪問販売営業マンが会社の役員となり、もう一度訪問販売に業態を変えるためでした。そのために主婦のパート教育係の私も会社に必要なくなったのです。
　私の最後の仕事は、一生懸命育てたパート従業員を1人1人クビにしていくことでした。
　たとえが悪いですが、自分が一生懸命育てた畑の植物を自分でひっくり返して燃やすような、虚しさと行き場のない苛立ちを経験しました。涙も出ない悲しさでした。しかしながらその中で2人だけ、どうしてもクビにできない人たちがいました。それは、彼女たちが出産をしたばかりであり、シングル

マザーで育ち盛りの子供を育てているからでした。そこで、私が頭が痛くなるまで考えた末に出した結論が…

　いずれこの人たちには自立してもらい、それまで一緒にできる仕事を何か考えよう。でした。

　当然、会社からの給料も出ないため、0から自分だけではなく彼女たちの仕事も考え、収入を得ていかなければならなくなったのです。私にとってはいきなり訪れた変化でした。

　新しい洗剤を取り寄せて、家の水回りの掃除をする仕事。ブロック塀などを洗浄してコケが生えなくなる薬品を塗布する仕事。しかし、結局、体が動かなければこういった仕事は長く続けられません。

　そこで試したのが、ネットショップでした。時間を気にせず、頭は使うけれど体はあまり使わない、女性の場合でしたら妊娠中でも子育て中でもできる、場所を問わない、ことが理由でした。

　しかし、何をどう売るか…までは全く考えておらず、0から模索していくことになりました。売るもの、売り方、お金の不安に常に追いかけられながら、追い詰められながら模索しました。偽物をつかまされたこともありましたし、全財産が200円しかない、なんてこともありました。

　しかし、そんな中でも常に時代に合わせて、変化しつつお金を稼いでいける手段を、私は身につけることができました。今では専門家として、0から始めるネットショップのセミナーなどを開催し、多くの方にその方法をお伝えしています。一緒に仕事をしていたパートさんも独立して元気にやっています。

　私のような急激な変化が訪れる人は多くはないと思いますが、時代は常に変化し続けています。どんな変化があっても稼いでいける手段を知っていることによる安心と余裕。この2つを、本書を通してぜひ体感していただきたい。そして、もっともっと今日より明日を良い日にしてもらいたい。今回、このように思い、筆をとりました。

　ぜひ一緒に1つ1つ試しながら読み進めていただければ幸いです。

目次 contents

第 1 章

「ない」「ない」からでも始められる

BASE 起業・副業

1

お金がないあなたでも安心、
0円から始められる方法

　ネットショップをやってみる、と聞くと、お金がかかりそう…と躊躇してしまう方が多いのではないでしょうか。私もかつて楽天市場でネットショップを開いたときは、初期費用で40万（楽天市場に支払う費用）、仕入れ代や経費で60万、合計100万くらいは用意してから始めました。

　しかし、かつてハードルが高かったネットショップやネット販売ですが、やりようによっては仕入れ代も経費も、ほとんどかけずに始めることができます。具体的には、1：販売してから仕入れる、2：自分の好きなことや得意なことをサービス（情報）として販売する、3：メルカリなどのフリマアプリを使って不用品を販売する、といった方法があります。必ずしも「モノ」が必要でもありません。

　●●しなければならない、という決まりもありません。あなたに、こんなお店を作りたいな、これくらい副収入が欲しいな、という目標があるならば、それに合わせていろいろなやり方にチャレンジしてみてください。たとえお金がなくても、そこから試行錯誤しチャレンジすることは、稼ぐ術を自分のモノにするということでもあります。そして、一度稼ぐ術が身についたなら、手段や場所が変わったとしても、それは不変です。物やサービスを誰かに提供するということは、人が人である限り、基本的なことは変わりません。

　したがって、今からご説明する内容は、一生使えるスキルの基本でもあります。そんなつもりで読み進めてみてください。

　それでは、まず、1〜3について具体的に見ていきましょう。

1 販売してから仕入れる

ドロップシッピングとも言います。メリットは、お金がかからないこと、リスクがないこと。そのためには、販売してから仕入れることができる商品、それに対応してくれる仕入れ先を見つけることが必須となります。そんな都合の良い仕入れ先なんてあるの？って思いますよね？ちゃんとありますので安心してください（具体的なやり方は後でお話しします）。デメリットとしては、リスクがない分、ついついいろいろなことが手抜きになってしまうこと、仕入れ先の都合で突然商売ができなくなる場合もあること、が挙げられます。

2 自分の好きなことや得意なことをサービス（情報）として販売する

今やいろいろなサービスを販売できるサイトがあります。この方法のメリットは、仕入れがいらない、物を置く場所もいらない、ということです。デメリットとしては、形がないからこそきちんとしたサービスを提供しなければならないということ、形がないものはあるものよりも認知してもらうのが大変だということ、が挙げられます。しかし一方で、形がないものを売ることができれば、自動販売機状態で稼ぎ続けることも可能になります。

3 メルカリなどのフリマアプリを使って不用品を販売する

これは、厳密に言えば仕入れ価格は 0 円ではありません。しかし、捨ててしまうはずのものを安値でも欲しい方に売ることができます。また、インターネットで売るということに慣れる、という点でも、私はオススメしています。メリットは、捨ててしまう予定だったものがお金になること。デメリットとしては、不用品がなくなったら続けることができなくなること、売れなければ捨てることもできずにタンスの肥やしになってしまうこと、が挙げられます。

私はこれまで、主婦の方や副業を始めてみたい方に、その始め方を教えてきました。その方々に、なかなか副業が始められない理由を聞いてみると、かけられるお金がないとの答えが多かったのです。それもそのはずです。副業でやるつもりなのに最初からお金をかけたくありませんよね。そのため、0円で始められる方法を考えつつ自分でも試した結果、この3つにたどり着きました。

　そして私は、これらを同時並行でやってみることをオススメしています。というのは、人によってそれぞれ得意なことは異なるためです。副業でやっているのに、わざわざ苦痛なことをする必要はありません。また、3つを並行して進めるうちに、一番楽しいと思ったことや、一番売り上げが伸びたことに集中していくことで、より効率よく副業を楽しむことができます。

　たとえば、不用品をメルカリで売りつつ、販売後仕入れが可能なサービスを利用してみる、さらに形がないサービスなどを、仮にすぐには販売ができなくても、いずれサービスとして販売することを考えてみる…。これらの方法で、うまくいけば初月どころか、数週間で5万は達成できます。

【 著者のクライアントのお話 】

Mさん

年齢：30歳

職業：OL

副業経験：なし（メルカリでいらない服を販売はしたことがある）

得意なこと：タロット占い

現在の副収入：7万

状況：販売後仕入れが可能な仕入れサイトで好みの洋服をピックアップしBASEに登録。サイトはほとんど通勤電車内で更新。

また、別のサイトにて、タロット占いのサービスを販売。最初はほとんどお客さんが来なかったものの、今は週に5人くらいサービスを使ってくれている（Mさんは著名な占い師ではない）。

現在の職場に不満があり、ずっと辞めたかったというMさん。しかし、何もない状態で辞めるのもつらく、会社に在籍しているうちに副業の基礎を身につけたいと感じ、相談に来られました。

現在では、最低限生活にかかる経費（家賃・光熱費など）は副業で得たお金で支払いができるようになったため、本業で得たお金がより自由に使えるようになったそうです。そして、そのお金で習いたかった中国語を習いに行き、留学に備えています。

まとめ

●稼ぐ術は不変。ツール（手段）が変わっていくだけ。スキルを覚えればずっと使える。

資金0円から始めるには…
- ☐ 販売後仕入れが可能なサイトから商品を仕入れる
- ☐ 無形のサービス・情報などを販売する
- ☐ 不用品をフリマアプリで販売し資金を稼ぐ

●上記は、3つ同時並行が望ましい。

不用品販売は、ネット販売に慣れるためにも、導入編としてオススメ。

2

時間がないあなたは、
通勤電車で BASE を運営

　ネットショップって運営に時間がかかりそう…そんな風に思いませんか？

　本業でやる場合は、パソコンを使ってページを作り込んだり、季節に合わせて数ヶ月前から準備を始めたりと、時間がかかります。そのために、専門の業者を使うショップがたくさんあります。

　しかし、副業として始めるのであれば、スマホ1つで通勤電車内でお店を作ることができ、さらに運営も隙間時間にできてしまうほど簡単なアプリがあります。

　いつもあなたがスマホを見ている時間を、ほんの少しだけネットショップを更新する時間に変えるだけで、楽々運営ができちゃいます。それは、本書で紹介する BASE というアプリです。

　ネットショップのお店作り、お客さんの対応など、スマホ1つで行うことができます。写真だけ撮りためておけば、いつでもどこでも取りかかることができます。

　私がクライアントによくお話しすることですが、ネットショップの運営で大切なことは、写真撮影、商品選定、商品が売れたときの対応です。

　特に、商品の写真撮影には時間も労力もかけましょう。なぜなら、毎日いろいろな情報がスマホを通して入ってきますが、写真は第一印象を決めるからです。

　そして商品選定、これも大切です。売れる商品、利益が高い商品

を探さなければ、お店として運営ができません。

　最後に、商品が売れたときの対応。これは唯一ネットを飛び出して、リアルの世界でお客さんと繋がることができる機会です。商品は丁寧に送る。これだけで後々人気店になる可能性が高いです。

　この 3 つ以外は作業です。作業は待ち時間、移動時間などの隙間時間で行えば十分。作業と、きちんとやらなければならないことを分けて取りかかることで、時間はグンと短縮ができます。

　言い換えれば、作業はルーティンの仕事、きちんとやらなければならないことは利益の基礎を作ることです。最初から作業は作業、大事なことは大事なこととして分けて行う癖をつけてみてください。時間が有効活用できます。

　同じことは、普段の仕事にも言えます。何が一番大切で時間をかけなければならないのか、リスト化して行うことで、いろいろな物事が効率よくできるようになります。

　また、これらは、たとえば次のように、1 日の作業時間を決めて行うとよいでしょう。

（例）**朝 9 時**　注文を確認、連絡

　　　昼 13 時　お店の更新（新しい商品を掲載する）を行う

　　　夜 20 時　売れている商品の発送準備

　　　夜 21 時　新しい商品を選ぶ（作る）

あなたの時間を書き出してみましょう。

利益の基礎作り 商品選び・写真撮影・発送	ゆっくり時間

作業 その他	隙間・移動時間

まとめ

- -
●ネットショップでは、この3点には時間をかける。
- -

これらは利益の基礎を作る行動。

□ **写真撮影** → 商品を見てもらうために写真が必要

□ **商品選定（仕入れや制作）** → 良い商品を選ぶ（作る）ことでお店のカラーも出来上がる、利益も生まれる

□ **商品が売れたときの対応** → ネットを飛び出してお客さんとリアルで繋がることができる唯一の機会

（※商品発送は、リピートやお店のファンを増やすため、最初は自分で行うのが望ましいが、ゆくゆく発送量が多くなれば、代行業者などを使うこともできる）

- -
●作業は隙間・移動時間に。わざわざ時間を作る必要はない。
- -

これらはお店を維持していくために必要な行動・ルーティン。

□ 商品をページに掲載

□ お店の宣伝活動 など

3

写真アップの経験がないあなたは、
ハードルが低いインスタグラムから

　ネットショップには、写真がとても大切だというお話をしました。しかし、どんな写真がいいのか、自分ではなかなか判断ができませんよね。自分でいい写真と思い込んでいても、他人から見ると何の写真かわからなかったり、見づらかったりする場合もあります。これは、慣れている、いないにかかわらず、誰でもあることです。

　商品のことをよく知っている自分が見たらわかる写真でも、商品のことを全く知らない人が見たら何のことだかさっぱりわからない。こんな写真をネットショップに掲載していても、なかなか売り上げには結びつきません。それどころか、「これはどうやって使うのですか？」「●●方向からの写真も見せてください」などと問い合わせが来たりして、余計に仕事が増えるだけです。

　そこでオススメなのが、インスタグラム。商品の写真を撮影したら、インスタグラムに載せてみましょう。いい写真には、「いいね」がたくさんつきます。いろいろな写真を掲載してみて、「いいね」が多い写真を商品写真に採用してみる方法がオススメです。しかも、インスタグラムを使って商品やお店のアピールもできるので、一石二鳥です。

　また、時にはインスタグラムを見にきてくれた方に、「これって何に見えますか？」「これをあなたが使うとしたらどんなとき？」など、質問もしてみましょう。こうすることで、あなたとフォロワーの距離がグンと縮まります。

インスタグラムって何？って方のために簡単に説明をしますね。

　インスタグラムは、無料の写真共有アプリケーションのこと。しかもフェイスブックが運営しているため、設定をするとインスタグラムにアップした写真がフェイスブックにも反映されます。もし、あなたがまだインスタグラムのアカウントを取得したことがないのであれば、お店専用のアカウントとして取得してみましょう。お店がまだなくても大丈夫。個人的な内容を掲載するのではなく、ゆくゆくお店が出来たときに使うアカウントとして、1つ持っておくことをオススメします。

　ではどのように写真を掲載するのかというと、スマホで撮影して下の図のようにアップするだけ。

写真を選択

1 インスタグラムのホーム画面のアイコンをタップします。

2 スマホのアルバム（アンドロイドはギャラリー）から写真を選択します。

3 必要があれば画像にフィルターを掛けて、ハッシュタグなどを入力してアップします。

　ここで大切なのが、ハッシュタグと言われるタグ。このタグを元にユーザーが写真を検索します。あなたがこれから作りたいお店を必要とする人が探しそうなワードを、ハッシュタグとして設定してみましょう。ハッシュタグは商品ごとにも変えられますし、どんどん変えていくことができます。まずはあなたが思った通りのハッシュタグを設定してみましょう。

　といっても、いきなり設定するのは難しいと思います。そこで、最低限押さえておいた方が良いワード案を用意してみました。これをヒントにぜひハッシュタグを用意してみてください。

　１：＃お店名
　２：＃お店が扱っている商品の大きなカテゴリー１
　３：＃お店が扱っている商品の大きなカテゴリー２
　４：＃地域（実店もある場合）
　５：＃関連する言葉、さらに小さなカテゴリー、別の言い方など
　６：＃ニッチな言葉

たとえば、私が運営しているお店の場合、

1：#アトリエトコ
2：#デザインシザー
3：#オシャレはさみ
4：#みせる
5：#オシャレ○○（○○は商品ジャンル）
6：#糸切りバサミ

この6つを固定にして、他は商品によって変えてみたりもしています。たとえば色であったり素材であったり…

また2と3については、より大きなカテゴリーでさらに人気がある（投稿数が多い）ワードを選ぶことをオススメしています。

私の場合は2つほどしか設定していませんが、カテゴリーが関連していれば、もっとたくさん用意してもオッケーです。

そのために、インスタグラムのハッシュタグを探すツールもたくさんあります。インスタツールやハシュレコというツールが代表例です。

右図は、ハシュレコのスクリーンショット。

たとえば、ハサミというハッシュタグを入力すると、ハサミに関連した人気のワードが表示されました。このワードの中から自分の商品に近いハッシュタグを選択、コピーして使用します。

そして一番大切なことは、最初から完璧を求めないことです。不変的なハッシュタグだけは設定し、他は臨機応変に変えていくことがオススメです。

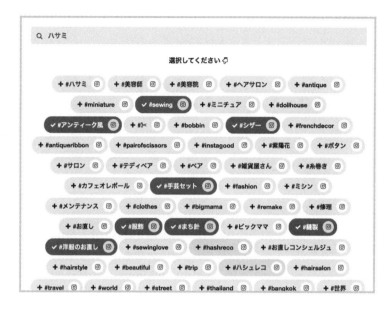

たとえば、アクセサリーを販売されている方でしたら、

（＊は変えないハッシュタグ）

#店名（＊）
#ピアス（＊）
#イヤリング（＊）
#コーデ（＊）
#パールピアス（＊）
#エスニックピアス
#夏ピアス
#かごバッグ

などです。

そして、大きなカテゴリーと小さなニッチなカテゴリー、両方ハッシュタグをつけるメリットがありますので、それは意識してください。

大きなカテゴリーのハッシュタグ →	たくさんの人が検索しているので、いい写真があればいろいろな方からのアクセスが来る
小さなカテゴリーのハッシュタグ →	そのハッシュタグの中での人気投稿になりやすい。人気投稿になるとトップページ（そのカテゴリーのハッシュタグのトップページ）にずっと掲載される

また、最近は、情報が流れるのがとても速い時代です。今日小さなカテゴリーと思っていても、何かのタイミングでいろいろな人が小さなカテゴリーのハッシュタグをつける場合もあります。気づいたときには見直してみましょう。この作業も隙間時間や移動時間で十分！

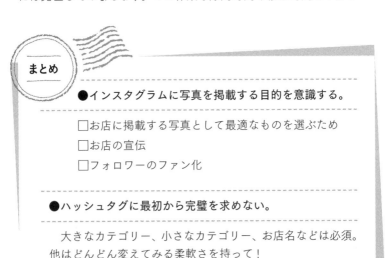

まとめ

●インスタグラムに写真を掲載する目的を意識する。

□お店に掲載する写真として最適なものを選ぶため
□お店の宣伝
□フォロワーのファン化

●ハッシュタグに最初から完璧を求めない。

大きなカテゴリー、小さなカテゴリー、お店名などは必須。
他はどんどん変えてみる柔軟さを持って！

4

コネがなくても大丈夫、
インスタグラムのフォロワーが将来のお客さん

仕入れやインスタグラムの運営などなど…私ってそういう知り合いが全くいないけどできるかな…あなたは今、そんな風に思っているかもしれません。結論から言うと、心配は一切不要。０から全部作っていけばいいのです。しかも、わざわざコネを作るために苦労する必要もありません。

まず、インスタグラムに関しては、あなたが売りたい商品が好きそうな方をフォローしていきましょう。いろいろな投稿を見て、あなたがいいなと思う写真をアップしている方です。そんな方とは感性が近く、あなたの商品や投稿を気に入ってもらえる可能性が高いです。そうしているうちに、気づいたらフォロワーが増えているはずです。でも本当に増えるか不安？ そんな方のために、著者である私があなたのインスタグラムをフォローしますので、atliertocomiseru を探してフォローを送ってください。ランダムにお店も紹介させていただきます！これだけでもまずは知り合いが出来たも同然です！

また、商品を売りたいけど誰に売ればいいのかわからない方。最初はみんなそうです。もちろん、お店を作ったんだよと言えば、買ってくれる知り合いはいるかもしれません。でも、その知り合いはたまたま買ってくれただけで、ずっと買ってくれる保証はありませんよね。日本中に散らばるあなたのお店を待っている方に、あなたのお店がここにあるよ、あなたのお店はこんなお店だよ、と知って

もらう必要があります。そのために使うのがインスタグラムのような SNS です。

　たとえば、スワロフスキーのアクセサリーが欲しい方に、私のお店はスワロフスキーのアクセサリーを売っていますよ、と教えてあげればいいのです。もちろん、いろいろなお店がスワロフスキーのアクセサリーを売っていますが、私のお店はこういう特徴があって、つけるとこんな風になるんだよ、って教えてあげたら、あなたのお店に興味を抱いた人が買ってくれるのです。欲しい人に存在を教えてあげること。

　ここで1つ具体例を挙げましょう。
　私がショップの運営の手伝いをしていたスイーツのお店があります。特徴としては、とても可愛らしいパッケージに包まれた缶詰なのに、中には缶詰とは思えないクオリティのケーキが入っていること、そのため非常時にも美味しいケーキが食べられること。

　これを欲しい人は、まず贈り物を探している人。そのため、贈り物を探しているならこんな贈り物があるよ、って教えてあげる必要があります。そして、傷みにくく、好みに左右されにくく、しかもかさばらないお土産を探している人に、特徴をアピールして買ってもらうのです。これにはコネも何もいりません。

　そのほか、仕入れに関しても、コネがあると逆にそこからずっと仕入れなければならないですし、しがらみがある場合もあります。ない状態で始められるなら逆にラッキーです。

　私の失敗談を1つ。ある程度お店が軌道に乗ってからわかったことなのですが、ずっと仕入れをしていた会社が、実はとても仕入れ値が高かった、ということがありました。他の会社だと半値で仕入れられることがわかったのです。しかし、そのときにはすでに人間関係も出来上がってしまっており、なかなか会社を変えるのが難しく…結局、商品自体の取り扱いをやめてしまった、という経験もあります。

　コネなしは逆にチャンス。あなたにとって一番いい距離感と関係の会社や人をこれから発掘していけばいいのです！

まとめ

●インスタグラムのフォロワーを増やす。

　フォロワーは多ければいいってものではありません。最初はあなたと感性が近い方（あなたから見て素敵な写真・投稿をしている方）をフォローしてみましょう。

●商品の販売先を見つける。

　売るのではなく、欲しい人にあなたが扱っている商品の情報が届くことを意識しましょう。そうすることが一番の近道。

●コネなしは逆にチャンス！

ネットに詳しくなくても大丈夫、
写真とメールができればOK

　ネットショップを作りたい方からよく受ける質問として、パソコンに詳しくないからどうしよう、ネットが全然わからない、というものがあります。本業として本格的にやるのであれば、専門的な知識が必要となる場面もありますが、画像の処理も、今やスマホの無料アプリで見栄え良く作ることができますし、検索エンジン対策も、副業程度でやるのであれば、そこまで力を入れる必要もありません。

　ここで数点、便利な画像編集アプリをご紹介します。

　1つ目はCanvaというアプリです。有料のサービスもありますが、ほぼ無料で使えます。洗練されたオシャレなイメージの画像処理ができるためオススメです。また、インスタグラム用、フェイスブック用のサイズの画像など、サイズ別で画像編集ができるうえに、ポストカードやチラシなども作ることができるアプリです（ポストカードやチラシもスマホで作れちゃいます）。
　右の画像は、スマホから、無料のサービスで作ったものです。

　いかがでしょうか。ぱっと見とても時間がかかっているように見えると思いますが、1時間もかかっていません。
　私の場合は、慣れているからっていうのもありますが、テレビを見ながらコマーシャル中にちょこちょこ作った画像です。

　2つ目に、**VLLO** というアプリがオススメです。画像を数点組み合わせて文字を入れたり、簡単な動画を作ることができます。

　3つ目は Foodie というアプリです。このアプリを使うと、画像をいろんな雰囲気で撮影することができます。ただし、気をつけた方がいいのは、あまりにも本物と違いすぎる画像は、商品画像には掲載しないということです。

　そのほか、よくいただく質問として、どうやって文章（商品説明）を書いたらいいのかわからない、というものがあります。何も凝りまくった文章を書く必要はありません。詳しくは後でも述べますが、最低限押さえておく内容さえクリアしておけば大丈夫。

●商品名
●商品の大きさ
●商品の色
●商品の使い方

特に色は、人によってスマホの液晶画面の明るさが違うため、実際の色との違いがわかりづらい場合があります。したがって、黒、青、緑などきちんと記載しておきましょう。また、微妙なカラーの場合は、●●に近い色、などの例えも書いておくと、よりわかりやすいですよ。

さらに、実際に商品をショップに掲載するときも、インスタグラムに写真をアップする要領で十分オッケー！

写真を選ぶ　➡　文章を書く　➡　アップ

必要なステップはこの３つです。そのため、パソコンがなくても、詳しくなくても、すぐにでも始めることができるのです。

まとめ

●無料アプリを上手く使う。

Canva、VLLO、Foodie がオススメ。

●商品説明で押さえるべき内容は…

□商品名
□商品の大きさ
□商品の色
□商品の使い方

お金なし、時間なし、コネもなし、私が最初にやったこと

　私は、今でこそ首都圏に暮らしつつこの本を書いたりいろいろな方にネットショップの作り方を教えたりしています。また、本書を執筆している時点では、今後副業をやりたい人向けに教材を作る会社に就職し、教材作りを始めています。でも、もともとは何もわからないところから始めました。しかも、当時働いていた会社の方針転換により急に無職になってしまったのです。全くお金もない状態でした。

　ある程度重要なポジションだったため、引き継ぎのため残務処理に時間が取られ、時間もないしお金もないし、毎日が激務で、コネを作る余裕もありませんでした。当時は今のようなSNSもありません。次の仕事も探したいけど探しにも行けず…また、田舎に住んでいたため求人もほとんどなく、困り果てた私がまずやったことは、ヤフオク（当時はまだメルカリがなかったので）で使わなくなったものを売ることでした。

　そのうちに、少しお金ができてきたので、フリーマーケットでプラレールを探してきて販売をしてみました。なぜプラレールだったのかというと、当時は猫を飼っていたため、電車に猫の餌をつけて走らせたら猫が喜ぶかもしれないと思った、というだけの理由です。

　しかし、実際にプラレールを走らせると、猫が怖がるだけで全く意味がなく…仕方なく綺麗に磨いてオークションで売ってみたところ、びっくりするほど高値がつきました（しばらくして私は売れる商品の条件を見つけることになるのですが…プラレールは条件にピタリとはまっていたのです）。

しばらくプラレールを販売し、手元に10万くらい貯まりました。その後、そのお金を元にして中国で安い商品を輸入、オークションで販売をして結局3ヶ月で100万近くのお金を貯めました。そして、そのお金を元手に楽天にお店を出してみたのです。

　今でも私は、ヤフオクをよく使います。なぜ使うかというと、新しく商品を仕入れたときに、その商品の売れ行きを確かめるためでもあります。これは詳しくは後でお話ししますね。ヤフオク（今はメルカリも）はアカウントを作っておくと、とても便利に使えるサービスです。ぜひあなたもアカウントを作ってみてください。

　あのとき、なんとなく売ってみたプラレールがなければ、今の自分はいなかったかもなあ、なんて思っています。

　どんなに不利な状況でも、誰にでもチャンスがあるのがネットショップのいいところだと私は思います。

　副業にはいろいろなものがあります。たとえば、ネットワークビジネスだったり、リアルなお店で誰かを紹介したらお金がもらえる事業だったり。しかし、ネットワークビジネスは、お客さんに会員になってもらうまでにいろいろな労力がかかります。また、リアルなお店で誰かを紹介したらお金がもらえるような仕事でも、時間の制約がありますし、人に人を紹介することには大きな責任が伴います。

　その点、ネットショップは、他人と時間を合わせたり接待したりする必要はありません。なので、とても楽な副業だと私は思います。

　私は、ネットショップを通して、いろいろな方と知り合い、自分の世界がぐんと広がりました。

　最初は何もなくても大丈夫なので、ぜひ今日から、できるところからチャレンジしてみてください。

第 **2** 章

スマホで十分
BASE で超カンタンお店作り

1

自分のお店を持つことのメリット

　副業をするにあたり、お金だけで考えるならば、特に自分のお店は必要ないかもしれません。しかし、自分で0から稼ぐことができる手段を持っておくことは、今後、何かしら役に立ちます。

　たとえば、急な事情で働くことができなくなったとき、スキルを持ち自分が稼ぐ手段を知っておけば、生活していくこともできます。

　また、会社で働き続けられたとしても、今後給与が上がっていくことをあてにするよりも、自分で稼ぐことを覚えた方が、断然収入は増えるのではないでしょうか。

　2020年3月、新型コロナウイルスの影響により学校が休校になりました。なかには、子供のために会社を辞めざるを得ない方もいたと聞きます。そんなときも、稼ぐ手段を知っていれば、生活に困窮せずに済みます。本書では月5万稼ぐことを目標にしていますが、商材を変えること、もっと時間を割くことで、月100万くらいまでは売り上げを上げられる内容になっています。

　月5万というのは、あくまであなたが副業として、本業に差し支えがない時間で運営をすることが前提なのです。

　そのため、私は、自分のお店を持ってみることをオススメしています。メルカリやヤフオクで副業として何かを販売することも可能ではありますが、それはメルカリ、ヤフオクの中で売っている商品の一部であって、あなたのお店ではありません。

　自分のお店を持つということは、あなたの好きなようにお店の名前をつけ、あなたのお店に共感してくれた人がお店で買い物をし、あなた自身もあなたのお店に愛着を持つということです。そして、共感してくれた人はあなたのファンになります。

　普段、仕事と家との往復しかしていない人が、ショップを持つことによって、新しいつながりや新しい居場所が出来るのです。この余裕が心にあるとないとで毎日がかなり変わってきます。

　今はまだ想像ができないかもしれません。しかし、実際に動き出したら、あなたも実感できると思います。

　そして、初めて会った人にも、これ私のお店なんだよ、なんてコミュニケーションできる可能性も増えてきます。

　あなたのお店には、あなた専用のお店のURLがあります。例えるならば、メルカリやヤフオクで販売することは、スーパーの中のお惣菜コーナーのお惣菜の1つのようなもの、あなたのお店は、路面にあるお店のようなものです。

　ネットの世界なので、この違いはとてもわかりづらいですが、ここが私のお店なんだよと言って、スーパーのお惣菜コーナーに人を連れて行ったらおかしいですよね。ここが私のお店なんだよと言って連れていく先は、あなたの商品が並ぶお店であることが普通だと思います。

　また、スーパーで考えるのであれば、スーパーに来た人が、お惣菜が欲しくてお惣菜を買うのと同じで、メルカリやヤフオクにアクセスして来た人が、メルカリやヤフオクの中で商品を探して買っていきます。

　しかし、あなたのお店の場合は、あなたのお店に来てもらうため

の仕掛けがいろいろ必要なのです。ここを工夫していくことがまさしく財産なのです。

　今後、そのツール（ネットショップを作る手段）は変わっていく可能性があります。でも、何が変わっても、人間の本質は変わりません。人間が人間に対して物を売ること。これだけは不変だと思いませんか？？

　といっても、いきなりあなたのお店をぽんと作って、そこだけで副業をしましょうというのは、慣れるまでは大変。そのため、ヤフオクやメルカリで売る練習をしつつ、あなたのお店を運営してみる方法を試してみましょう。あくまでも、メルカリ、ヤフオクは練習のつもりでやってみてください。

　１つ実例をお話しします。ある主婦の方のお話です。

　ハンドメイドがとても得意な方で、ある人形の服を作っていました。ある日、彼女は人形の服を販売したいと相談に来ました。

　そこで、私は最初、その方にメルカリで販売する方法を教えました。商品も可愛く人気があり、すぐに月６万ほどの収入を達成しました。その後、その人形専門の服のネットショップを作りました。お店を作ると、ファンがもっとコアになり、メルカリよりも高い値段で売れるようになりました。そして何より、競合がいません。その後はメルカリでは凡用の服を売り、自社サイトでは新作を売るようになりました。そうして月20万ほどの収入を得るようになりました。

　さらに変わったのが、自分のお店をいろんな人に知ってもらいたいと思い、自分で名刺を作り各イベントにも出るようになったこと。

そこで名刺を配り、リアルでもお店の宣伝をし始めました。自分の作品を褒めてもらえることにやりがいを感じ、お店を宣伝するために活動したことで、とても世界が広がったそうです。

また、私が一時運営を代行していたお店は、なんとテレビ局から取材の申し込みが来て、朝の情報番組で取り上げられ、一躍有名になりました。
これも自分のお店だからこそ来たチャンス！

お店を開いた先に、何が起こるか、どんなことが待っているか…それは行動をしてみた人しか経験ができない未来なのです。
そのためにも、自分のお店をぜひ作ってみましょう。

まとめ

●自分のお店を持つメリットを意識する。

□ネットショップで売れるスキルは不変
□新しいつながりや新しい居場所が出来る
□初めて会った人ともお店を介して
　コミュニケーションできる
□お店は無限の可能性を秘めている

●お店を開いた先にどんなチャンスが舞い込むかは、
行動してみた人しか経験できない未来。

2

手元に売りたい商品がなくても OK、まずはアカウントを作りましょう

まだ売れるものがないから、まだ準備ができていないから。

そんな理由で、なかなか行動に移せない方がいます。

もし少しでも興味を持ったなら、売れる商品はなくても先にアカウントだけは取得し、いつでもお店を作る準備をしてみることをオススメします。

もちろん、商品を掲載していくのも、お店の名前を決めるのも後でもオッケーです。

なぜそんなことをするのかというと、アカウントだけでも作ってお店オープンの準備をしてみると…

不思議なことに頭の中が、どんなお店にしようかな、これは売れるかな、お店の名前これがいいな…など、漠然としていたはずのイメージがどんどん具体性を帯びてくるのです。

そして、たとえばあなたがネットでもリアルでもお買い物に行くとします。素敵なお店を見かけたら、こんなお店いいな、と思うことが増えたり、見本になるようなお店が目につくようになったりするでしょう。

そんなお店を見かけたら、メモをとってみてください。何を売っていてどんな人が来ていて、なんであなたはそのお店にひかれたのか。

アカウントを作り、自分のお店が具体的に出来始めると、どんどんアンテナが伸びて行くのです。そして、頭の中でいろいろなイメージ

ができてから実際に運営を始めてみると、スタートからうまくいく可能性がとても高いです。

　行動をしてみること。ここから全てが始まります。

　まず書店で本書を手に取ってくださったあなたは、興味があると思ってくださったのでしょう。ここからまた一歩踏み出すことで、新しい世界が始まるのです。

　アカウントの作り方はとても簡単です。

　BASE を検索し、サイトが表示されたらページを上にスワイプします。

　ページの中くらいに、入力フォームが表示されます。

登録時に必要な情報は3つ。

1 メールアドレス

こちらは注文メールも届くメールアドレスとなりますので、普段使っているメールアドレスを入力しましょう。これは、ログインIDにもなります。

2 URL

お店のアドレス（住所）になるようなものです。

3 パスワード

パスワードは他のサイトと同じものは避けましょう。また、設定したら忘れないように気をつけましょう。

入力後、「**無料でネットショップを開く**」をタップすれば、アカウントは開設できます。

そのほか、細かい情報の入力をしてからでないとお店はオープンできません。アカウントを開設したらすぐにお店を作らなければいけない！わけではありませんのでご安心ください♪

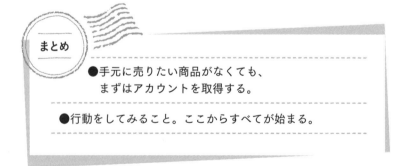

まとめ

●手元に売りたい商品がなくても、
　まずはアカウントを取得する。

●行動をしてみること。ここからすべてが始まる。

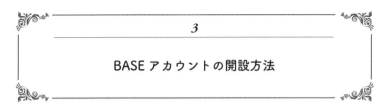

BASE アカウントの開設方法

では、早速アカウントを開設してみましょう。

1 https://thebase.in/ にアクセス。

2 必要事項を記入します。

3 ショップ URL を作る。

　悩んでしまうのがショップ URL です。本来は店名＝ URL が望ましいのですが、まだ全然店名も決めていない場合が多いと思います。

　そのため、たとえばアクセサリーを販売しているのであれば、Piassales とか glasspias とか少し関連する用語を店名にしてみるのもアリです。また、独自ドメインも後々設定できます。

　独自ドメインを取得するまでは、https://atliertoco.buyshop.jp/ といった長いアドレスですが、独自ドメインになると、http://atliertoco.com などといった URL が設定できます。

4 利用規約・プライバシーポリシーに同意をしてチェック。

5 「無料でネットショップを開設をする」をクリック。

　これでオッケーです。あなたのお店がいつでもオープンできるまでの準備が整いました。

　リアルに例えるならば、不動産を契約して、空っぽのお店の鍵をもらったのと同じでしょうか。

　リアルのお店の場合は、家賃もかかりますし、極力早めに営業活動を始める必要があります。でも、ネットの場合は、家賃もかかっていませんし、ここからいろいろなことを考えながらお店を作っていけばいいのです。

　ちなみに、オープンする費用は０円。

　売り上げに応じて手数料を支払う（売り上げから引かれる）システムなのです。また BASE のよいところは、すっきりとしたシンプルなデザインのテンプレートが豊富であることと、パソコンで操作す

る必要が全くないお手軽さ。

　びっくりするほど簡単に色々できちゃいます！早速アカウントを作っちゃいましょう！ここからどんなお店が始まるか、あなたはまだ扉を開けたばかりなのです！

まとめ

●お店の URL は、後々独自ドメインに変えられる。

　　お店の名前が決まっていなければ、売りたいものと関連する言葉にしてみたり、あなたの好きな言葉にしてみたりするのでもオッケー。あまり深く考えずにまずは作ってみることが大事。

4
無在庫販売できるサイトからピックアップして、好きな商品を登録してみる

　ショップを作ってみたものの、何を販売していいのかわからない？でも安心してください。この節を読み終わる頃には、お店が完成しています。

　ぜひお手元にスマホもしくはパソコンをご用意のうえ読んでくださいね。

　まずはこのサイトに登録してみてください。

▶ネッシー　https://www.netsea.jp/

　後でも詳しくお伝えしますが、ネットで仕入れができるサイトです。個人の方は登録できませんが、ネットショップを運営されている方は登録をして、仕入れをすることができます。

　では、順番にお伝えします！これは私が、ネットショップ初心者の方に、慣れてもらうためと、世の中の仕入れと販売価格の相場を知ってもらうために教えている方法です。

❶ まずは仕入れ会員として登録。

❷ 必要事項を記入して進んでください。

❸ 検索ボックスにあなたが好きなもの、興味があるものの名称を
入れてみてください。そのあと右の詳細検索をクリック。

4 ここから大事です！

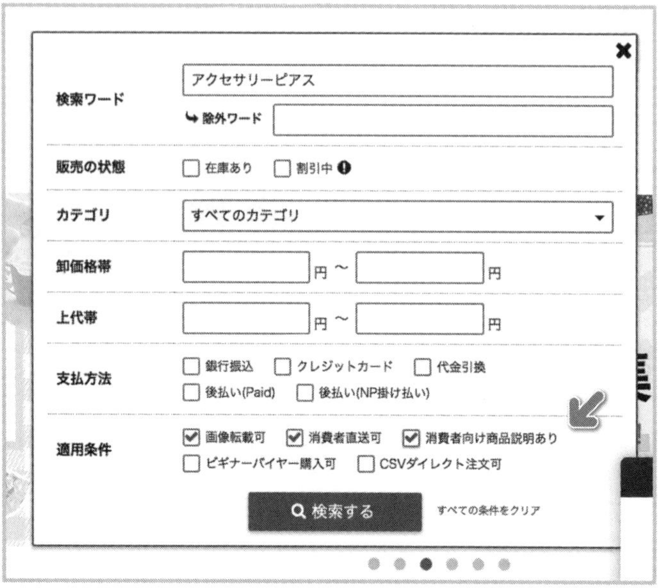

「**画像転載可**」「**消費者直送可**」「**消費者向け商品説明あり**」にチェックを入れて検索をしてください。

それぞれの意味ですが、

「**画像転載可**」は、画像をそのまま利用できること。

「**消費者直送可**」は、お客さんが買ってくれたら、この商品を卸している会社がお客さんに発送してくれること。

「**消費者向け商品説明あり**」は、お客さん用の商品説明文が書いてあること。

簡単に言えば、画像も用意する必要なし、商品も自分で送る必要

なし、説明文も考える必要なし！ということです。

　あなたがやることは、商品を1つずつBASEに登録していくこと、そして値段を設定することです。

　この作業をやってみることにより、サイトに掲載する方法に慣れていきますし、また、商品の画像をたくさん見ることによって、こういう写真はわかりやすいなあ…など、いろいろ参考になることがあります。

　ぜひ勉強のつもりで掲載してみてください！

　そして、商品が売れたら、商品を卸している会社から商品を注文して、お客さんの住所などをお伝えしましょう。そうすることで会社が送ってくれます。

　では、実際に商品の登録方法をお伝えしますね。

■1 「商品を登録する」をクリック。

2 商品名を付ける

（仕入れサイトのタイトルとほぼ同じでよいと思います）。

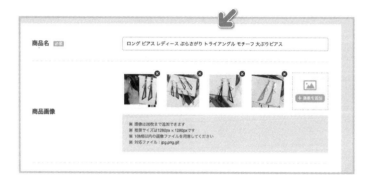

3 商品は、仕入れサイトからダウンロード。

「画像を追加」をクリックすることで画像が追加されます。

4 商品の説明文をコ
ピー、ペーストします。

5 商品説明の中でいらない部分（業者にとっては必要な情報だけれ
ど、買う人にとっては不要な部分）はカットします。

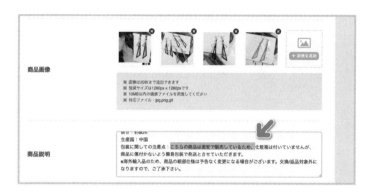

6 種類（カラーバリエーション）などがあれば登録。

　在庫も各10ずつくらいでよいかと思います。「種類を追加する」
という箇所をクリックすることで、種類を簡単に追加することが
できます。

順番		商品名	価格	在庫	公開状態	複製	削除
1		ロング ピアス レディース ぶらさがり トライアングル モチーフ ...	¥1,200	30	公開		
2		レディース タイトスカート ひざ丈 ハイウエスト 秋冬 ツ...	¥2,500	10	公開		
3		ニットワンピース レディース ハイネック ワンピース 長袖 ひざ...	¥5,800	3	公開		
4		レースワンピース 長袖レースドレス 膝丈 チュニックワンピ 通勤	¥4,800	10	公開		
5		レースドレス 大きいサイズ 披露宴ドレス ワンピース 通勤	¥5,300	25	公開		
6		袖なしワンピース ノースリーブ カシュクールワンピース 結婚式 ...	¥4,000	3	公開		

ems/ef9/2520539

以上で完成！

とても簡単です。
でも、気をつけてほしいことがいくつかあります。

1 商品を実際に見ていないわけなので、問い合わせがあったとき に質感などをうまく伝えられないことがあります。
2 あくまで練習のためと割り切って運営してください。とても簡 単にできることなので、特に本書を読んでいる人は同じことが できます。
3 いずれは自分の商品なり、自分の個性や感性を生かしてショッ プを作るようにしてください。
4 メーカーの都合で急に廃番になる可能性もあります。
5 絶対に、商品の転載可と書いていない会社の画像を無断転用し ないようにしてください。
6 可能であれば、練習用のサイトは期間を決めて運用し、いずれ 自分の商品に切り替えていくようにしてください。

7│ 自分の目で商品を見ていないため、どんな状態でお客さんに届くのか不明です。そのため、理想は一度自分で仕入れて確認をして、良かったものだけ仕入れることです。

8│ ロット数（仕入れるための最小単位）や発送元に注意。
　お客さんの注文が 1 に対して 100 仕入れないといけなかったりすることもあります。

　ほかにも、いろいろな注意点や、よくやってしまいがちな間違いなどがあります。本書の巻末で、私が実際に仕入れをして困ったことや、最新の情報をお伝えするための特典ページのご案内をしています。間違えて損をしてしまうことがないように、常に最新の情報を手に入れておくことをオススメします。

まとめ

●練習用のサイトを運営する。

　商品を 1 つずつ BASE に登録し、値段を設定する。
　あくまで練習用と割り切り、いずれ自分の商品に切り替えていくことが必要。

5

発送方法とサイズの登録方法

　ネットショップをやるにあたり、悩みがちなことの1つに発送方法があります。宅急便のほかにも、小さな商品の発送に役立つ、ゆうパケットやクリックポストなどなど、安価に発送ができる方法もたくさんあります。

　また定形外郵便、普通郵便もありますが、私は番号を追跡できる方法をオススメしています。

　日本の郵便は本当に素晴らしく、今まで1万件以上送ってきましたが、郵便事故は3回でした。そのうち、1回は、お客さん自身が郵便に気づかなかった（家族の方が間違えて郵便を開けてしまった）というものであり、1回は、誤配ではあったものの誤配した先を突き止めてもらえました。したがって、全くの行方不明は1回だけでした。しかし、誤配にせよ、郵便事故にせよ、お客さんもお店もいい気分はしません。そこで、ポスト投函だけど追跡番号もつくサービスがオススメです。

　ただし、大きさや重さに制限はありますので、次のページをご覧のうえお使いくださいね。また発送量が多いと割引（法人契約で割引）となる業者もあります。

　これは各地域の担当の方に聞いてみてください。

ポスト投函の発送方法（お届け先のポストに投函される）

1 ネコポス（ヤマト運輸）

サイズ：角形 A4 サイズ（31.2cm 以内 × 22.8cm）以内、
　　　　　厚さ 2.5cm 以内、重さ 1kg 以内

金　額：385 円（メルカリの販売品を送る場合は安くなる）

特　徴：追跡番号あり。ポスト投函。

2 クロネコ DM 便

サイズ：3 辺の合計が 60cm 以内、最長辺 34cm 以内、
　　　　　厚さ 2cm 以内、重さ 1kg 以内

金　額：全国一律 167 円

特　徴：公式サイトでは売買に関わるものは発送ができないと記載。
　　　　　信書も発送不可と記載。ポスト投函。

3 ゆうパケット

サイズ：3 辺が 60cm 以内。
　　　　　厚さ 1cm → 250 円　厚さ 2cm → 310 円　厚さ 3cm → 360 円

特　徴：郵便局へ行って専用の宛名シールをもらう必要がある。
　　　　　商品発送可能。ポスト投函。

4 クリックポスト

サイズ：長さ 14cm から 34cm、　幅 9cm から 25cm、
　　　　　厚さ 3cm 以内、　重さ 1kg 以内

特　徴：ヤフーのアカウントを取得したうえで、クレジットカードで
　　　　　決済、パソコンで専用のラベルに入力し印刷（コンビニから
　　　　　印刷も可能）が必要。ポスト投函。日本全国 198 円。現金や
　　　　　信書、貴重品は発送不可。小物類などなら発送可能。

そのほか、宅急便コンパクトやゆうパックなどもあります。

宅急便コンパクトはコンビニで専用の箱を買い、箱に入るサイズの商品が発送できるサービスです。

ちなみに、私がよく使うのはクリックポストですが、専用の伝票を作らないといけません。スマホでも伝票は作ろうと思えばできますが…ちょっと面倒かもしれません。そのため、小物でしたら、ゆうパケットがオススメです。

さて、発送方法を大体決めたら、登録をしてみましょう。

登録の仕方もとても簡単。

BASE の場合、最初は使いたい機能のアプリを（BASE 上に）ダウンロードする必要があります。

まずはアプリの中の、送料詳細設定をダウンロードしましょう。
やり方は、**クリック → インストール**するだけ。

これをインストールすると、商品によって発送方法を変えることができたり、●●円以上送料無料などと設定できたり、お客さん自身に発送方法を選んでいただくこともできます。

なかには、ポスト投函に抵抗がある方もいらっしゃいますので、どんな小物であっても手渡しの宅配便の選択肢も入れておくのがベターです（ちなみにショップを作ったときに発送の金額だけを設定することもできますが、それだとその金額でしか発送ができません）。

手順を説明します。

1 発送方法を追加

配送方法・送料設定

配送方法一覧

商品の配送方法を設定しましょう。
配送方法は10パターンまで設定することができます。

配送方法を追加

送料計算方法・無料設定

複数商品が買われた場合の計算方法

この機能は配送方法追加後にご利用いただけます。

送料無料設定

この機能は配送方法追加後にご利用いただけます。

2 発送の会社を選択 → 次へ

配送方法の追加

◯ 配送方法の選択 ＞ ● 送料の設定 ＞ ● 対象商品の設定

配送方法の選択

利用する配送手段を設定してください。
「その他」を選択すると任意の配送手段を追加することができます。

ヤマト宅急便 ∨

キャンセル　　　　　　　　　次へ

3 金額を入れて…（金額は値上げされる場合もあります。ホームページなどで確認をしたうえで記入してください）

4 全商品同じ送料なのか、一部の商品だけの送料なのか、選ぶこともできます。選んだら「設定を保存」で反映されます。

また、●●円以上で送料をサービスする、といったこともこの画面上で可能です。送料が無料になる価格は、お店によってまちまちです。ちなみに、私の場合は、アクセサリーの材料は 3000 円以上で送料無料、時計などの商品は 5000 円以上、もしくは送料込みの値段を設定していたりもしました。

　あなたが販売をしたい商品の価格帯を見ながら、いろいろなお店も参考に考えてみてくださいね。

まとめ

●商品の発送は番号を追跡できるサービスがオススメ。

郵便事故はお客さんもお店もいい気分はしないもの。

●発送方法を決めたら、登録する。

　なかにはポスト投函に抵抗があるお客さんも。どんな小物であっても手渡しの宅配便の選択肢も入れておくのがベター。
　送料が無料になる価格も設定可能。いろいろなお店を参考に考えよう。

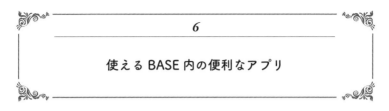

6

使える BASE 内の便利なアプリ

BASE でネットショップを開設したときには、商品登録と最低限の情報（お店の運営者の情報など）のみが掲載できる状態です。

しかし、ネットショップで物を販売するようになると、商品を送らないといけません。送るのにもいろいろな方法があります。お客さんとしては、時間指定や日にち指定を選びたいものです。

また、お店としても、新しい情報をブログで掲載してみたい方もいます。

さらに、商品によっては年齢制限が必要となる場合もありますよね。

そこで、BASE では、お店の特性により、ご自身で必要なアプリを選び、お店に導入することができます。有料のアプリもありますが、無料のものでも十分すぎる機能が備わっています。

導入の方法もとてもカンタンです。

🅵 APPS をクリック。

2 そうすると使えるアプリが
ずらっと掲載されます。
この中からお店に必要なア
プリを選びます。

3 いいなと思うアプリがあれ
ば、クリックをしてください。
その後、開いた画面の右下で
インストールをクリック。

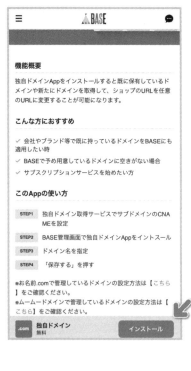

これで完了です。

アプリによっては必要な情報を記入する場合もあります。

いくつかオススメの機能を紹介します。

1 送料詳細設定

　●●円以上で送料無料などの設定ができます。

2 商品検索

商品がたくさん増えてきた場合には、検索窓がショップの中に
あればとても便利です。

3 カテゴリー管理

商品のカテゴリーを細分化しておくことで、商品が探しやすく
なります。

4 デジタルコンテンツ販売

動画やサービスなどの形がないものを販売するのに必須です。

5 BLOG

ショップの中にブログを開設できます。

6 SEO 設定

キーワードなどを設定し、検索エンジンから来てもらいやすく
なります。

7 クーポン発行

クーポンを発行することで、リピーター客や新規顧客の増加が
見込めます。

8 レビュー

現在のショップに必須。レビューを見て来てくれる方が多いた
め、使ってみましょう。

9 | メッセージ

お客さんとネットショップ上でやりとりができます。質問があればすぐに答えられるため便利です。

10 | 納品書ダウンロード

商品が売れたときに、あると便利です。

11 | かんたん発送

ヤマト運輸やコンビニの端末で送り状が発行できるため、伝票を書く必要がなくとても便利です。まさしく副業で取り組む方には欲しい機能ですね。

また、QRコード決済アプリもあります。

これは、実店やイベントなどでも商品を販売する方にオススメ。BASEと同じ条件での決済ができますので、カード払いなどにも対応ができます。

そのほか、商品によっては必須のアプリもあります。また、使わないアプリは簡単に削除することもできます。

いろいろ試してみて、あなたのお店やあなたのお店に来るお客さんのことを想定し、一番使いやすくて便利な方法を考えてみましょう！

まとめ

●無料のアプリでお店がどんどん便利になる！

いろいろなネットショップを見てみて、どんなアプリを使っているのかも研究しつつ、自分のショップにも生かしてみよう。

7

BASEとインスタグラム用に 映える画像が作れる無料アプリ

　写真を撮影したら…特に画像を処理せずそのまま掲載しても構いませんが、写真を少し明るくしたり、ポイントを入れたりしてみると、より画像がわかりやすくなります。そのために、無料の画像処理アプリを使ってみましょう！第1章でも少しお話ししましたが、Canvaというアプリをオススメします。なぜこのアプリがオススメなのか、その理由についてお話ししますね。

　まず、こちらのアプリは会員登録が必要です。

　ログインをした後の画面が、こちらです。ご覧いただくとわかるように、画像の種類を事前に選ぶことができます。

　たとえば、インスタグラムの投稿用画像だったり、フェイスブックの投稿用画像を作ることができます。

ロゴやチラシ、ポストカードまでも作ることができます。なんとスマホで作ることもできますよ。私の友人は、自分の結婚式の招待状を Canva を利用し、スマホで作っていました。

　各種 SNS への投稿用の画像では、テンプレートも選ぶことができます。ほとんどのテンプレートが無料で使えますが、なかには有料のものもあります（100 円〜）。また、テンプレートなしの画像を作ることもできます。

　試しに、1 つ画像を作ってみましょう。

　まずは、インスタグラム投稿をタップします。

　テンプレートを使うと、おしゃれなデザイン画像を作ることができます。元あるデータの写真や文字を変えるだけで、まるでプロのデザイナーが作ったような仕上がりになります。

1 お好きなテンプレートを選びます。

　テンプレートにある画像をタップし、スマホのアルバムにある写真に入れ替えることができます。いらない画像は選択してゴミ箱マークをタップすると、削除できます。

2 **文字を変えたい場合は、文字をタップします。**

このような選択画面が出ますので、いらない文字を消して文字を書き換えることができます。

以上です。ここまでの所要時間は3分位です。

さらに、画像をタップし、いろいろな効果（明るくしたりアンティーク調の雰囲気を出したり）を加えることもできます。

1 **元の画像です。**

2 スマホに入っている写真に入れ替えます。
フィルターを選択します。
使いたいフィルターを選び、文字も変え完成！

その後、スマホのカメラロールに保存ができます。
とても簡単に作ることができますので、ぜひお試しくださいね！

まとめ

● Canva のアプリを使って
写真をもっと魅力的にアレンジする。

とても自由度もおしゃれ度も高いため、いろいろ作って練習してみよう。

8

メールが書ければ OK、
商品説明の作り方

　ネットショップの文章というと、html などを知っておかないと難しいのでは？思われがちです。しかしながら、有料オプションで html 編集はあるものの、絶対知らないといけないということはありません。

　メールを書く要領でオッケー。簡単に説明を書くことができます。

　もちろん、ゆくゆくもっと本格的に運営をする場合には、html を知っておいて損はありません。もし興味がある場合はぜひ勉強してみてください。

　それでは、商品の説明の書き方をお話しします。

　ポイントがいくつあります。

1 難しい言葉を極力使わないこと
2 小学 5 年生に説明するようなつもりで書くこと
3 目の前にお客さんがいて話をするような感覚で

　たとえば、鎌倉の海で採ることができる、桜貝で作ったピアスがあるとします。ピンク色でとても可愛らしいピアスです。

　仮にこれを説明するときに、

●簡単な言い方

　鎌倉の海岸でキラキラ光る桜貝の貝殻をピアスにしました。

　桜の花びらのようにひらひらと耳元で揺れます。天然のパステルピンク色のため、どんなお洋服にも合わせやすいですよ。

●難しい言い方

　鎌倉の海岸で、採取した桜貝の貝殻をピアスに仕立て上げました。
　桜の花びらを想起させます。また色合いは加工しておらず、天然
色を用いているため、あらゆる装いに適しています。

　この2つで言われた場合、どちらが頭に入るでしょうか？　圧倒
的に前者ではないでしょうか。もちろん、高い宝飾品の場合は、後
者の方が良い場合もあります。

　今、ネットではさまざまな情報が流れています。
　そのため、興味がない情報はスルーされてしまいます。綺麗な写
真を載せて、あれ？これは何だろう？と最後まで読んでくれた方が
想像できるような言葉で文章を書きましょう。

　また、文章の構成としては、
【キャッチコピー】
商品の内容
物の説明（サイズ、素材、色合いなど）
注意点
を書いてください。

　私がやって爆発的に売り上げを上げた方法をお話しします。
　注意点を読んでくれた方はかなり商品に興味があるはず。カート
に入れようかな。どうしようかな。迷っています。その方へもう一
押し。この商品を買ったときの未来を想像させるワードを載せてみ
るのです。
　しかし、最後の一押しワードはなかなか出てこないですよね。

　でもご安心ください。巻末に特典のテンプレートをご用意していますので、ダウンロードしてください。

　そして、1つ実例を挙げますね。このピアスについての説明文です。

【真っ赤なハートがゆらりと揺れる人気シリーズ】

●商品の内容

ベネチアンガラスビーズのピアスです。
季節によって出来上がる色合いが違う
真っ赤なハートビーズは、ガラスの中に
金箔が入っている豪華ビーズです。
9ミリのハートビーズと12ミリのハート
ビーズのピアス。
2つのビーズを繋げて、作成しております。
イヤリングに変更が可能です。

●長さ：約2.5センチ

●注意点

　ベネチアンガラスビーズの赤色は季節によって出来上がる色合いが異なる繊細な作りのため画像と実物の色合いが若干違う場合があります。ご了承の上お買い求めください。

\\ もう一押し //

　お仕事服やカジュアルなお洋服ではプチエレガントに。
　パーティや女子会ではより華やかに!!
　迷ったときにはコレ！というお声がとても多いピアスです
　現在良い色合いの赤が入荷しております＾＾

もう1つのコツとしては、注意点にもあるように、デメリットも
メリットに変えるような書き方をすることです。

　たとえば、ハンドメイド作品の場合は、

　ハンドメイド作品のため1つ1つ大きさが異なる場合があります。
世界で1つだけのものとなりますので若干の誤差ご容赦ください。

　などです！

　慣れると難しくありません。また、私が教えていた方の中で、思
わぬところで文章の才能が芽生え、コピーライターとして活動をし
ている方もいます！

　決して綺麗な日本語を使う必要もありません。わかりやすく伝え
ることがとても大切です!!

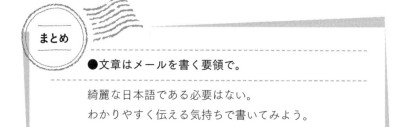

まとめ

●文章はメールを書く要領で。

綺麗な日本語である必要はない。
わかりやすく伝える気持ちで書いてみよう。

9

あなたのお店専用の
インスタグラムのアカウントを作る方法

　BASEとインスタグラムはとても相性が良く、インスタグラムの中で商品が販売できます。BASEのショップのうち8割がインスタグラムを利用しており、集客に役立てています。

　また運が良ければ（？）BASEが運営するオフィシャルアカウントで紹介していただけることも！

　早速お店専用のアカウントを作成してみましょう。ここでポイントになるのが個人のアカウントと分けて作ることです。そして、お店の商品がわかるような写真や、使うとこうなるよ！といったワクワクする投稿をどんどん載せていきましょう。

　では、早速作り方です。

（個人のアカウントを持っている前提の作り方です。0からインスタグラムのアカウントを作るよ、という方はこちらのURLからご覧ください。）

▶ https://www.facebook.com/help/instagram/155940534568753?helpref=related）

1 既存のアカウントのアカウント名をタップする。

「ログインまたは新しいアカウントを作成」という項目が出てきます。

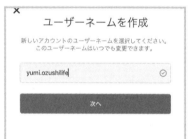

2 「ログインまたは新しいアカウントを作成」をタップ。

そして、上の画面のように、アカウントを作ります。

英数字と記号（使える記号は_と.）でアカウントを作りましょう。ここはそんなに悩まずに作ってしまっても大丈夫です。

短いアカウント名が理想ですが、自分のインスタグラムを人に教えるときには、インスタグラムの中にあるQRコードを読み取る機能などもありますので、サクサクとつけちゃいましょう。

3 誕生日を入力。

その後、万が一パスワードを忘れてしまったときなどのために、誕生日を入れます。生年月日情報は外には出ないので安心してください。

4 ハイ。これで完了。
とっても簡単です。

アカウントが出来上がったら、アカウント名の箇所からいろいろなアカウントを選択できます。したがって、お店の投稿のときはお店のアカウント、個人の投稿のときは個人のアカウント、と切り替えて使うことができます。

⑤ フェイスブックにインスタアカウントをお知らせする。

インスタグラムはフェイスブックと連動しています。そのため、フェイスブックのアカウントを持っている場合は、このインスタアカウントは私のですよ、とお知らせする必要があります。

また、インスタグラムに投稿をしたら、ツイッターやフェイスブックにも同時に投稿することが可能です。

お店のアカウントの場合はフェイスブックも持っていた方が良いかと思います。

⑥ 以上で完了です。

フォローする相手を見つけて最初はフォローしてみましょう。

私のアカウント、あとりえとこの場合、フォロワーは少ないですが、コアなファンの方がたくさん見てくださっています。そのため、新しい商品をアップすると、買ってくれるお客さんがいらっしゃいます。

同じ趣味の方をフォローするか、もしくはジャンル問わずいろいろな人をフォローするかは、売りたい商品

によって変わってきます。これについ
ては、SNS マーケティングの話になっ
てしまうため、詳しくは省きますが、
大まかに分けるとこのような形です。

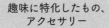

趣味に特化したもの、
アクセサリー

⬇

自分と趣味が似てそうな人をフォロー

大衆受けするもの（スイーツなど）、
凡用品など

⬇

いろいろな方をフォロー

　なお、最初は、お店の存在を知っていただくことが最も重要です
ので、どんどん積極的にフォローしていきましょう。

　できたら、フォローした方にコメントを入れてみましょう。コメ
ントをもらえると嬉しいものです。

　ぜひチャレンジしてみましょう。

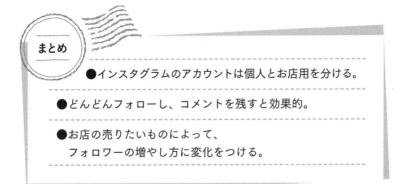

まとめ

●インスタグラムのアカウントは個人とお店用を分ける。

●どんどんフォローし、コメントを残すと効果的。

●お店の売りたいものによって、
　フォロワーの増やし方に変化をつける。

あの番組に出演、
BASE をきっかけに起こった奇跡

　自分のお店を持つ最大のメリットとして、メディアから出演依頼が来ることが挙げられると思います。BASE の特徴として、他にはない珍しい商品が販売されているため、メディアや新しい商品を探しているお店の方から問い合わせが来る確率がとても高いのです。

　しばらくの間お手伝いをしていた横浜ハイカラという缶詰スイーツのお店では、BASE のショップの中の問い合わせフォームから問い合わせがあり、大手通販会社、お土産屋、各種メディアの他、めざましテレビのグルメ缶特集でも取り上げていただきました。

　こんなことが起こりうるのは、自分のお店だからこそ。常に面白い商品ないかな…なんてメディアやバイヤーさん（商品仕入れ担当の方）も探しているのです。そのため、ショップの運営に慣れてきたら、どんどん商品も自分色を出していきましょう。どんどんとんがっていきましょう。

　でも最初は、よくあるアイテムから始めてみても大丈夫！今は副業で月５万くらいあればいいなと感じて本書を手に取ってくださったかと思いますが、ネットショップの可能性は無限大です。

　月５万はほんの登竜門！一度軌道に乗ってしまえば働きながら10万、15万、そして本業の月収以上に稼いでいる方もざらにいます。ワクワクする好きな仕事がいずれ本業になる日だってあるかもしれません！

　可能性無限大の世界にこれを機に飛び出してみましょう！

第 **3** 章

売りたいものが見つかる、売れる商品探し

1

ライフスタイルを書き出すと
トキメクものが見つかる

　あなたはそろそろ、私も何かを仕入れしてみよっかな？なんて思い始めているかもしれません。仕入れるにあたり、重要なことがあります。それは、自分の生活から遠すぎるものを仕入れないことです。具体的には、車に全く乗らない・興味もない・知識もない人が車用のパーツを仕入れてみたところで、売れません。もちろん、ヤフオクやメルカリに出してたまたま売れることはあるかもしれません。しかし、たまたま売れたらまだいいのですが、商品について詳しく知らないが故に、損することもあります。

　私の恥ずかしい失敗例を1つ。

　私はいろいろな商品を仕入れては失敗してきました。かつて全く興味がない健康機器を仕入れました。なぜなら仕入れが1万、定価が2万。1台売れたら1万も利益が出る！なんていう単純な理由です。2つの粉を混ぜ、専用の入れ物に入れると酸素が吸引できるというその機器。結果は、全く売れませんでした。仕入れが、確か24セット単位であり、しかも意外と大きかったため、その機器は押し入れを占領しました。手を尽くしましたが売れず…結局最後はヤフオクで販売。仕入れ値の半額以下で販売しました。

　あのお金があれば、今ならもっと良いものを仕入れたのに…と思いますが…高い勉強代ですよね。

　これだけではなく、他にもさまざまな失敗を繰り返してきました。

　そこで、まず仕入れをするなら、自分のライフスタイルに近いところから始めてみましょう。

　自分の生活・好きなもの・昔の思い出など、思いつく限り書いてみてください。どんな生活をしていたかな？昔はどんな趣味があったかな？などなど…自分自身をゆっくり振り返ってみるきっかけにもなり、意外な自分に気づくかもしれません。

　以下の例を参考に、自分のライフスタイルを書き出してみてください。

☐ライフスタイル（例）

　電車通勤　猫を飼っている　料理好き　ファッションに興味

　化粧品好き　独身　りんごが好き　海が好き　占いが好き

　英語得意　片付け苦手

☐ライフスタイル（いくつでも！書き出してみましょう）

　そしてこの中で、どんなものが欲しいか、どんなものがあるとあなたの生活がより便利に快適になるかを書いてみてください。

☐欲しいもの（例）

　イヤホン　新しい調味料　スカート　新しいファンデーション

　タロットカード　英語を習える YouTube の番組

　折りたたみができる収納ボックス

□欲しいもの（いくつでも！書き出してみましょう）

　この中で以下のものに絞っていきます。
　売れ残っても自分で使えるもの
　友達にあげられるもの
　フリマやマーケットでも売れるもの
　メルカリやヤフオクでも売れるもの

　さらに、これはどこで売れるんだろう？ということについても、漠然とでいいので考えてみてください。ネット？ 実店？ それとも？？これにも正解も間違いもありません。考えてみる、この癖がとても大切なのです。そして、稼ぐことができる思考回路にどんどん進化していくのです。
　売れるんだろうか（売り上げが上がるという意味）、全く売れないんだろうか…と考えるのはまだ先。
　これは私が個別コンサルで生徒さんに教えていることです。ゆっくりゆっくり考えてもらいます。

　私が欲しいもののうち、条件に当てはまるものは、以下のものです。

□欲しいもの（例）
　イヤホン　スカート　新しいファンデーション　タロットカード

　このあたりに絞れてきました。この中で、ワクワクするもの、そ

してワクワクするものに関連するもの、そんなものを中心に探していくと良いでしょう。

　私はこの中で、タロットカードが一番ワクワクしました。友達にあげられるかどうかは微妙ですが…。そして、タロットに関連するものには、たとえばタロットカードの下に敷く布や、他の占いグッズなどがあります。

　このような方法で仕入れるものを探してみるのはオススメです。仕入れるものを探していくことはとても大事なことでもあり、そして、一番楽しいことでもあります。
　ぜひ、このリサーチだけは家でゆっくり時間をかけてやってみてください。

まとめ

●以下を書き出してみる。

　　□ライフスタイル
　　□ライフスタイルの中で、
　　　あるとさらに便利に豊かになるもの
　　□条件に当てはまるものの中で、
　　　言葉を見るだけでもワクワクするもの

●このリサーチはゆっくり時間をかけて行う。

　思い浮かばなければ、日を変えてやったり、何回でもやってみると、どんどん洗練されていきますよ！

2

売れる商品とは、
常に売れ続けるモノのことである

　今さらですが、「売れる商品」についてお話ししますね。本書の中で、たくさん出てきたであろうこのワード。

　「売れる商品」の意味は、「売ることができる商品」ということでもありますが、「売り上げが上がる商品」のことです。しかも、一時的に売れるのではなく、コンスタントに売れ続けること、媒体が変わっても売れることが大切です。

　しかし、このような商品はなかなか見つかりません。だからこそ、見つけたら大切に大切に売り続けてください。1つの財産になります。

　季節的な条件がそろったり、たまたまマスコミで放送されたりすると、一時的に商品が売れることがあります。しかし、これでは長続きしません。そして、一時的に売れたことで勘違いし、追加で多めに発注し、全然売れなくなってしまう。こんなことはよくあります。

　では、ずっと売れ続ける商品と、一時的に売れる商品の違いって何でしょうか? それは、じわじわと売れていくことです。たとえば、はじめは1個、そしてまた1個、気づいたら1ヶ月で10個売れていた。また次の月も同じペースで売れていく。
　その一方で、一時的に売れる商品は、急に10個売れるようなことがあります。しかし翌月は、1個も売れない。

そのため、たくさん売れたとしても、冷静に最低 1 ヶ月は様子を見るようにしましょう。

また、コンスタントに売れる商品の特徴としては、派手さはあまりないけれど必要な物である、という傾向があると思います。言い換えると、なんらかの消耗品ということになります。

私の実例にはなりますが、ずっと何年も売れ続けている商品に、台紙があります。100 枚で 700 円という値段の安さもありますが、ヤフオクに出してもアマゾンに出しても、メルカリに出しても BASE に出しても、どこに出しても 700 円で売れるのです。しかも毎日 3 点気づいたらどこかで売れている。こんな状態がずっと続いているのです。

仕入れが非常に安い反面、大量のロットで発注しなければなりません。また、その台紙を 100 枚ずつ分けていくという作業が必要です。でも売れることがわかるため、一気に何万枚も仕入れることができるのです。

毎日 3 点売れていたら月にしても 6 万前後の売り上げになります。仕入れや、物を 100 枚に分けていく作業の人件費を引いても、最低でも 3 万が手元には残ります。

コンスタントに売れる商品のヒントとして、自分が常に使いたいものを書き出してみてください。その中で消耗品があれば…コンスタントに売れる商品である可能性が高いです。

たとえば、アクセサリーを売っているとして、消耗品として必要なものは、可愛い袋、台紙、梱包用の袋などが挙げられます。

すなわち、自分が副業をやるうえで使うもの。これを取り扱ってみるのです。自分が必要なものだから説明もしやすいし、売れなくても自分で使うこともできます。こんなものがコンスタントに売れる商品になる場合があります。これもゆっくり考えて、1つずつ自分の財産を増やしていきましょう！

まとめ

●副業をやるうえで使う消耗品が
　売れ続ける商品である可能性が高い。

　ぜひ自分に置き換えて考えてみよう。1つ1つがあなたの財産になっていきます。

3

共感される素敵な商品に出会うコツ

　商品を探すにあたって大事なことは、まずは自分の心に正直になることです。たとえば、買い物に行き、「世間で大人気」とポップが付いている商品が展示されていたとしても、微妙なデザインだなあ、自分だったらお金出してまで買いたくないや、と思ったとしたら、その感覚は大事にしてください。世間がいいと思っているからいい、そんな風に思わないようにしてください。そこには正解も不正解もありません。あるのは感覚の違いだけ。

　あなたの正直な感覚で選んだ商品は、あなたの感性そのものです。あなたの感性で選んだものをたくさん陳列していたら、あなたらしい、本当の意味でもあなたのお店がネット上に出来るのです。
　そしてあなたの感性と合う人、あなたの感性が好きな人がお店に訪れます。万人受けする必要もありません。これからは個性の時代です。個人で副業としてやっていくのであればなおさら、感性を大切にしていきましょう。

　私がよく質問されることに、次のようなものがあります。
　みんながショップを作ったら、競合だらけになり、売り上げが落ちませんか？

　答えはノーです。なぜなら人それぞれ感性は違うからです。感性が違う人たちがそれぞれ商品を選び、お店を作ったら？？　全部違

うお店になりますよね。

　また、今までこんなの欲しかったんだけど、売ってなかった！ このデザイン好き!! といった、人の好みや欲しいもの、ときめくものも千差万別です。仮に今まで、ときめくお店がなくてネットショップをしていなかった方が、あなたの感性に彩られたお店を見て、ネットショップで初めて買い物をしてみる。こんなことだって起こりうるのです。

　そして、全員が全員同じジャンルの物を販売している訳ではありませんよね。他のお店の方があなたのお店を見て買い物に来る可能性もあります。

　もちろん偵察目的の方もいるかもしれません。でも偵察にわざわざ来られるまでのお店になったら、それは素晴らしいことです。誰かが真似したくなるような素晴らしいお店であるということです。しかし、どれだけお店の作りや商品ラインナップを真似したところで、あなたの感性は誰にも真似はできませんよね。

　お店や商品について表面的に真似をしても、あなたと感性が違う人が経営していたら、あなたのお店を丸々コピーはできません。

　とにかく頭の中のフィルターを外し、心の声に従うこと。これを徹底してください。

　また、実際に買い物はしてもしなくてもいいのですが、素敵なお店を見つけたら、実店でもネットでもゆっくり商品や店の作りを観察してみてくださいね！ デパートなり実店に買い物に行き、商品を眺め、心の声を聞いてみることも大切です。自分が本当にときめくものは？ そして、嫌だなあ、微妙だなあ…と思うものは何？

　どうしても日本人は、友達がいいと言っているからいい、●●で売っているからいい、と自分の心に蓋をしてしまう癖があります。

　心の声を聞くことは、知らず知らずのうちにつけてしまった心の蓋を少しずつ外し、本当のあなたを表に出す行為でもあります！

　一朝一夕には無理ですが、癖をつけることで、どんどんあなたらしい感性が磨かれていきます。楽しみながらやってみましょう!!

　あと、ネットショップのオーナーで同業者を極端に嫌う方がいますが、よく考えてみてください。コンビニのオーナーだってホームセンターに行きますし、ホームセンターの社長だってコンビニに行きますよね。これと同じなのです。

　なので、同業者を嫌う必要も避ける理由も、正直私には理解ができません。よく悩む方もいますが、こんなことで悩まないよう心もどんどん広く持ってください。それが、このお店素敵！可愛い！オーナーの感性が好き!! とファンが増えていく一番の要素でもあります。

　そうやって、お店のカラーは出来ていくのです。

まとめ

●心の声に正直になることで、共感される
　あなただけの素敵なネットショップが出来上がる！

4

売れる、感覚的商品を
スマホ1つで探す方法

　ここからは、実際に仕入れしてみる商品を探す方法です。仕入れるにはいろいろな方法がありますが、一番手軽でなおかつ、スマホ1つでネット検索の要領で探すことができる方法について、お話ししていきます。できれば、スマホを持って読み進めてください。

　2つ方法があります。1つはすぐに仕入れができる商品を探す方法。そしてもう1つは、海外のショッピングサイトを見ながら、写真を参考にしたり自分のお店のイメージをふくらませたりして探す方法。まずは1つ目の方法から。

　こちらのサイトにアクセスしてください。会員登録が必要ですが、会員登録をした後で、商品を提供している業者が承認をすれば、通常のネットショップ感覚で商品を仕入れることができます。

▶ネッシー　https://www.netsea.jp/

　こちらで検索をしてみましょう。ライフスタイルを書き出すことで出てきた商品を検索窓に入れてみましょう。
　結果はいかがでしたか?

　仕入れ価格が表示されていないものに関しては、メーカーへの申請が必要です。「価格公開の申請はこちら」をクリックし、必要事項を明記し送信しましょう。メーカーが承認すれば、あなたは商品

価格を知り、商品を仕入れることができます。

　ただ、ご注意いただきたいのは、こちらはスマホで簡単に見る方法の一部であって、すべての商品が見られるわけではありません。世の中にはもっともっと素敵な商品がたくさんあります。こちらは誰でも閲覧できますので、選んだ商品が誰かとかぶることは多々あります。

　そのためあくまでも、参考程度にご覧ください。

　2つ目は、少し勉強のつもりで探してみる方法です。

　ご存知の方も多いかと思いますが、このサイトにアクセスしてみてください。

▶エッツイ　https://www.etsy.com/jp/

　世界中の作家さんが作った作品、珍しいアクセ材料、可愛い服など、見ているだけでワクワクする商品がたくさんあります。写真の撮り方、加工方法も素敵です（見ている限りではCanvaで編集していると思われる画像もたくさん）。素敵な画像があればぜひ参考にしてみましょう。

　また世界中の方が購入されている中で、特にチェックするのは、レビューが高い商品です。

　日本人のレビューは、物がもらえる（レビューを書くと特典がつく）からという理由で書いたものや、発送が速かった、といった内容のものが多いですが、外国の方のレビューは、発送が速かったことはもちろん、理由を明記している場合が多いです。発送の方法についても、●●だから丁寧だった、など具体的な内容が多いのです。いいと思ったものは自分のお店に取り入れてみましょう。

　また、辛辣なレビューも、外国の方のレビューは的確なものが多

くとても参考になり、ヒントを得ることができます。

　早速、サイトをチェックしてみましょう。人気商品には意味があるはずです。そして、ノートで3000円（ハンドメイド）など、決して安くはないものが売れています。安いから売れる、高いから売れない、ということではないのです。ものを買う意味は、金額の大きさではありません。このサイトを見ていると、それがよくわかります。高くても、理由があって良いものは売れていますし、逆に100円でも売れないものはあります。

　ただし、安いものをたくさん販売して売り上げを作るお店にするのか、良いものを売って売り上げを作るお店にするのか、については、これにも正解や不正解はありません。
　理想は2つお店をもち、1つは高級品、1つは安い品、を売り、バランスよく売り上げを作っていくのがオススメです。
　ぜひ余力ができたらチャレンジしてみてください。

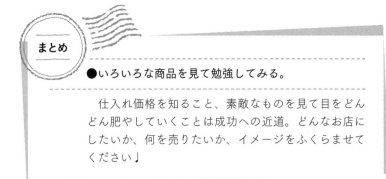

まとめ

●いろいろな商品を見て勉強してみる。

　仕入れ価格を知ること、素敵なものを見て目をどんどん肥やしていくことは成功への近道。どんなお店にしたいか、何を売りたいか、イメージをふくらませてください」

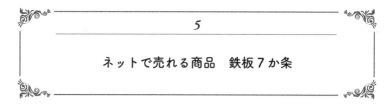

5

ネットで売れる商品　鉄板7か条

　インターネットショップで、売れる（売り上げが上げやすい）商品にはある法則があります。当時は今ほど主流じゃなかった、ネットショップ。

　私は、0から手探りで、商品を探していきました。売れる商材を探すことは、とても費用がかかりました。当時の収入をほぼ商材探しとリサーチにあて、おそらく1000万は費やした気がします。

　そしてようやく、時代に左右されない7つの条件を見つけました。

① 小さいもの
② 壊れにくいもの
③ ちょっとだけ珍しいもの
④ ワクワク楽しいもの
⑤ 情報も伝えられるもの
⑥ リピート性があるもの
⑦ 女性に人気のもの

こんな商品のうち4つでも当てはまっていたら売れる鉄板商品です。
では具体的にどのような商品があるのでしょうか？

① 小さいもの

　これはズバリ、「送りやすい・かさばらない」からです。大きなものは梱包に時間がかかってしまいます。副業でやるならなおさら、小さなものに商材を絞ってみてください。

② 壊れにくいもの

　いくら日本の配送業者が丁寧に配達をしてくれるといえども、トラックの中で揺られることもあります。また（最近では少ないとは思いますが）たくさんの荷物を投げるようにして仕分けをする会社もありました。もし物が壊れてしまったら、お客さんとトラブルにもなりかねませんし、良い気持ちはしませんよね。よって壊れにくいものがオススメです。

③ ちょっとだけ珍しいもの

　超レア品を手に入れられるルートがある人は、それを商品として扱うのは構いませんが、マニアック好みということになり、市場が限られてしまいます。よって、ちょっと珍しいものを考えるとよいでしょう。

④ ワクワク楽しいもの

　これは一番大切です。自分が好きなもの、楽しいもの、極端なことをいうと、その物を見ているだけで嬉しくなっちゃうもの。自分がときめかない商品を売っていては、ネットショップ運営は長くは続けられません。

⑤ 情報も伝えられるもの

　商品説明だけではなく、その商品が生まれたストーリーや歴史、

なるほど！と思える逸話も添えられるモノは、ついつい他の人にも話をしたくなるものです。"ついつい誰かに話をしちゃった物"は売れる可能性がとても高いのです。

⑥ リピート性が高いもの

あなたのお店を何度も使ってくれるお客さんを育てることが大事です。新規のお客さんを探すのはとても大変なこと。お客さんにとっても、知らないお店から物を買う事は大変なことです。でも1度お店を使ってくれたら買いやすいですよね。

"リピートを増やすコツ"も大切ですが、"リピート性があるモノを探すこと"もとても大切です。

⑦ 女性に人気のもの

女性は買い物が大好き。衝動買いをするし、買ったら誰かに話したくなるし、SNSで公開するのも好き。女性に人気で、なおかつ今の時代なら、SNSにアップしたくなるような"映える"商品はオススメです。

私の例を1つご紹介しますね。

かつて、ペンジュラムという占いに使うグッズを仕入れ販売していました。仕入れ価格は500円、チェーンの先に水晶が付いている占いのグッズです。しかし、売れ行きはいまいち。

そこで、写真の掲載と簡単な商品説明の記載だけでなく、ペンジュラムの"使い方"を紹介することにしました。占いをしない人向けに、「窓際にかけてよい気を取り込む道具としても使える」と記載したのです。すると瞬く間に売り切れとなりました。一度に仕入れる量は10個程度でしたが、月に3回位製造会社に再注文をしました。

7つの条件に当てはめるならば、

①小ささ　　○
②壊れにくさ　○
③珍しさ　　○
④楽しさ　　○
⑤情報　　　○
⑥リピート　▲
⑦女性　　　○

です。

　私は、天然石検定1級を取得するほどの天然石好き。そのため、④の楽しさがクリアできたのです。もしこれが売れなければ、家の窓に吊るしたり車の窓にかけたりして眺めていればいいや、とも思ったほど。
　そして、⑤情報も○ですね。石が持つ意味・本来の使い方だけではなく、きらきら光るインテリアにもなりますよ、とお客さんのイメージをふくらませる提案をできたから売れたのです。

　商材探しをしている時間はとても楽しいです。7つの条件を知ったうえでアマゾンや楽天市場のランキングをのぞいてみてください。
　きっとあなたがワクワクする商品が見つかりますよ。

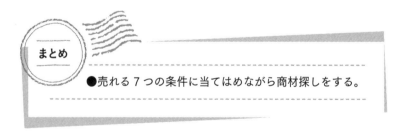

まとめ

●売れる7つの条件に当てはめながら商材探しをする。

6

半年後の流行を先取りする方法

　半年後の流行を先取り？？そんな超能力みたいな事ができるの？なんて半信半疑かもしれません。しかし、メーカーの世界では、たとえば、7月にはクリスマス商品を提案したり、春に秋物のトレンドを提案したりなど、常に半年先のために動いている場合が多いです。

　ただ、なかなか普通の人がその現場を目の当たりにする機会は少なく、通常小売り店はシーズンの2ヶ月くらい前からその季節の商品を店頭に並べたりします。

　しかし、ギフトショーや各種見本市（業者が商材を仕入れたり新しい商材を探したりするために来る場所）へ行く機会があればぜひ行ってみてください。夏にクリスマス商材などの案内が始まっていたりもします。

　特に、外国の見本市へ行くと、ものを見る目がグッと上がります！今じゃなくていいので、いずれ行ってみようかな…なんてことを目標にしてみるのも良いですね。

　詳しくは第4章でもお伝えしますね。

　さて話が逸れましたが、ここでお伝えしたいのは、見本市へ行きましょう、という話ではありません。むしろ家にいながら、スマホ1つで半年後の流行を先取りしてしまいましょう！

　流行を一番左右するもの。ぱっと見でわかるもの。
　それは「色」です。

まず、色の流行ですが、このサイトをご覧ください。

▶パントーン　https://www.pantone-store.jp/

　各年のトレンドカラーが紹介されています。ちなみに2020年のトレンドカラーはクラッシックブルーだそうです。

　そしてなんと、スマホのアプリもあるから嬉しいですよね。よほど奇抜な色は流行らない可能性が高いですが、ほとんどの色はパントーン通りに流行が来ます。季節ごとの流行色などもあらかじめプレスリリースに掲載されています。その色に合わせてパリコレなども行われているようです。

　したがって、服を仕入れる方やアクセサリーの作家さんには、特にオススメです。

　たとえば服を仕入れる場合、流行色が先にわかっていたら、3ヶ月ほど前から、流行を先取りしませんか？などと言って、流行色のコーナーを自分のお店に作ったりもできます。

　また、アクセサリーの作家さんは、流行色がわかった時点で、その色のパーツを仕入れたり、作品作りを始めたりもできます。

　ただ、先ほどもお伝えしましたが、色によっては流行らない、日本では一部の人にしか流行らない（特に原色や蛍光カラーなどにその傾向が強い）ということもあります。この点にだけ気をつけてくださいね。

　次に、半年後の流行を先取りする方法としてオススメなのが、アメリカのサイトを見てみることです。

　なぜアメリカかというと、時代の超最先端をいっているためです。服や雑貨など、アメリカのサイトで半年前に見たなあ…というもの

が半年後日本のサイトにずらりと掲載されることがあります。

そこでオススメのサイトをいくつか紹介します。

1│ファイアマウンテンジェム　https://www.firemountaingems.com/

　アクセサリーでは、特に作家さんが制作した作品などは参考になります。また、サイトの作り、そして色合いなども、とても勉強になります。sale品をついつい見てしまいますが、ここは新商品コーナーなどを参考にしてください。

2│グッドスタッフアパレル　https://www.goodstuffapparel.com/

　洋服では、センスや好みはともかく、2020年1月現在、大ぶりな花柄が多いですね。今年はそんな模様が流行るのかもしれません。

　今回は2つだけご紹介しましたが、他にもジャンルによってはいろいろなサイトがあります。特典にてご案内しておりますので、ぜひ参考にしてみてくださいね。

　そしてぜひ流行を先取りしてみてください。

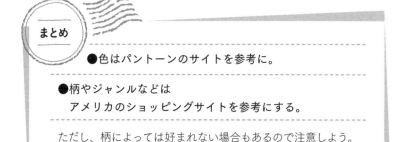

まとめ

●色はパントーンのサイトを参考に。

●柄やジャンルなどは
　アメリカのショッピングサイトを参考にする。

ただし、柄によっては好まれない場合もあるので注意しよう。

column03
コラム

海外旅行へ行く感覚と
商品を探す感覚は似ている

　初めての国に海外旅行へ行ったとき、ついつい目に入るお土産屋さんで、お土産を買ってしまうなんて経験はありませんか？　しばらくして慣れてくると、もっと安くておしゃれな物を見つけて最初のお買い物を後悔してしまうことも…商品を探す感覚って、この感覚に似ているなあ、と私はつくづく感じます。

　仕入れでも、初めて海外から仕入れたときは、いろいろなものの安さに興奮してしまい、失敗の繰り返しでした。安さだけにひかれて、仕入れたら全部偽物だったなんてこともありますし、全然売れなかったことや、日本で仕入れた方が安かったなんてこともありました。

　あなたは本書を読んで、仕入れを経験してみようと思い、すでにいろいろなサイトをのぞいたりしているかもしれません。あまりの安さとものの豊富さに、ついつい購入ボタンを押してしまった方もいるかもしれません。

　でも、もっともっと慣れてきていろいろなお店や商品、また海外のサイトも見てみると、どんどん目が肥えてきます。そして、最初の買い物を後悔してしまうかも。

　そのため、手が空いたときは、国内、海外、業者用のサイトなど、いろいろなサイトをのぞいてみてください。そうすることで、あなたの物を見る目もセンスも、どんどん研ぎ澄まされていきます。

　暇なときやちょっとした空き時間に、眺める癖をつけてくださいね。

第 **4** 章

BASE で売れる商品の仕入れ方

1

仕入れ価格はリスクに比例する

　仕入れ価格はリスクに比例する。どういうこと？って思われた方も多いはず。もしくは、当たり前じゃん、と思った方もいるかもしれません。

　たとえば…100円で仕入れたものが10万になることは、ありません。ヤフオクなどで稀に、タダ同然で手に入れたものが驚くほど高値で競り落とされることはあります。ただし、これには継続性はありません。お店としてやっていくのであれば、継続的に売れていくものを探してください。

　では、本題に戻しお話ししていきます。

　仕入れ価格が高くなればなるほど、当然リスクが大きくなります。確かに、売れたら利益も大きくなります。しかし、売れなかったら…その分、不良在庫となります。そのため、最初は商品を仕入れる場合には、収入の数パーセントにとどめるか、売れなくても自分の趣味で使うものにするなど、リスクをなくしていきましょう。きちんと段階を踏んでやれば、不良在庫として失敗することはあまりありません。ついつい大きく儲けたくなったり、人に何かを言われたり、流行のものを深く考えずに仕入れてしまったりすることが失敗の原因となります。

　なんて言っている私も、今まで人が聞いたらびっくりするほどいろいろな失敗をしてきました。1つ私の失敗談をお話しします。

　少しずつお店が軌道に乗ってきた頃、ついつい一気に儲けたくなりました。厳密に言えば、そんな魔が差したとき、知り合い経由でダイヤのネックレスを仕入れないかと話が来たのです。そして、売れたら数十万ほどするネックレスを仕入れました。当時の私には、そんな高いものを売る知識もありませんし、土壌もありません。結果は、当然売れず…かといって自分の趣味でもないため、仕方なく最後は宝石の買い取りへ出しました。あれがせめて自分の趣味であれば、使ったとは思いますが…。今思い出してももったいない買い物だったなあと思います。

　ちょっと儲けようと思って、高い仕入れをする行為自体は悪いことではありません。ただし、土壌がある（その分野に慣れてきた）商品、最小ロット数がまずは少ない商品、そして何よりも、売れなければ自分で使おう！と思える商品にしてくださいね。そうでないとただの不良在庫です。

　また、安い仕入れ価格のものは、それなり、です。100 円で仕入れたらそれなりのものです。稀に個人が安く出品をしているメルカリなどでは、こんなに良いものがこんなに安く売ってるんだ!! なんてこともありますが…それも継続性はありません。そこから仕入れて、BASE で販売をしても悪くはありませんが…それは転売と言われる行為です。仕入れて販売と転売…全く意味合いが異なります。転売してでも売れればいいのかもしれません。しかし、たまたま転売で儲かったところで、一時的なものでしかありません。そのため仕入れは、継続性がある場所や仕入れ業者から行ってください。

　そして、仕入れ価格はリスクに比例する、これを呪文のように頭

の中で唱えながら仕入れてください。100円で売っているものも、1万で売っているものも、値段相応の品です。

　あなたはまず、展示会ではなく、ネットで商品を探して輸入するなり仕入れるなりしていくはずです。そのため、安いものも高いものも値段相応の品である。そう思いながら仕入れていくだけでも失敗が少なくなります！

まとめ

●仕入れ価格が高くなると、リスクが大きくなる。

　高い仕入れをする場合は、土壌があるか、自分の趣味に合うものにして、リスクを減らそう。

●いくら仕入れとはいえ、値段が安いものはそれなり！

　安いからそれなりの品だろうな…そう思うだけでも失敗が少なくなりますよ！

2

難易度 1　超初級編
国内で探す（卸売マーケット）

　さて、ここからは実際に物を仕入れてみる方法をお話しします。今までほとんどの方が触れてこなかった内容です。でも、物を仕入れたいけれど何から始めればいいかわからない、だからヒントが欲しい、そう思う方は多いことと思います。また、明確に仕入れたいジャンルがあるけども、どこでどう仕入れたらいいのかわからない方もいるでしょう。

　まず、大前提として知っておいてもらいたいのが、簡単に仕入れができるものは競合も多いため、よほどでない限りライバルも多いということ。つまり、利益も小さいということです。でも、最初はそういうものから仕入れて、ゆくゆく自分カラーを確立していけばいいのです。最初から完璧やオンリーワンを目指さなくても大丈夫です。

　では、とっても手軽に仕入れができる場所をご紹介します。その一押しの場所が、東京なら、五反田にある TOC ビル。いろいろなもの（雑貨、服、アクセサリーなど）を一気に見ることができるため、見やすいですし、意外と知られてないため、行きやすいかなと思います。五反田駅からは無料のバスも出ていますので、一度は訪れてみることをオススメします。

　TOC ビルは、卸の会社が入っている施設です。ビルの中にテナントのように問屋さんやメーカーが入っています。

　問屋さんはお店でもありますが、どちらかというとショールーム

のような形です。そこは人が働いているオフィスであり、普通のお店とは違います。少人数でやっていたり展示会の時期と重なっていたりする場合、お店に入ってもショールームに誰もいない（奥で仕事をしていたりする）こともあります。そのため、名刺を持ち、何か聞きたいことがあれば、ショールームにいる方にいろいろ聞いてみてください。また、なかにはその場で、（最小ロットはありますが）購入ができる会社もあります。

　最小ロットとは、英語ではミニマムと言います。卸価格で買うことができる条件のようなものです。最低●●円以上と金額である場合もありますし、●●個など個数の場合もあります。小さなものだと1ダースで1セットのような買い方しかできないものもあります。

　なかには、最小ロットはないけれども、3万未満だと送料がかかる、といった条件がある会社もあります。統一された決まりはなく、会社により異なります。

　ただ、安心してください。先ほどもお伝えしたように、お店は会社のオフィスです。無理に売ってくることはありません。そのため、気になる会社があれば、どんどん入って詳しく聞いてみましょう。そして、その場で買える会社で、最小ロットがある場合でも、たとえば5000円からなど、ハードルも非常に低い場合が多いです。

　では、具体的に何を聞けばいいのかというと、今後の注文方法、納期、最小ロット、卸値などです。また、売り方の制限があれば必ず聞いてください。なかにはネットで商品を販売することを禁止している会社もあります。そして、あなたの希望があれば可能かどうかも聞いてください。びっくりするほど融通をきかせてくれる会社もあります。

　納期は、注文をもらってすぐに発送してくれる会社もありますが、

海外への取り寄せなどで時間がかかる場合もあります。

　また、卸値は、たとえば定価 1000 円の物が 600 円で買えるようなパターンと、オープン価格と言って、自分で適当な売値をつけて、というパターンがあります。これも物によりまちまちです。

　そして、カタログを用意している会社も多々ありますので、できればスーツケースなどを持ち、重たい荷物が入るようにしておくといいかもしれません。気になる会社からはカタログをもらい、家で検討してみるのが最初はオススメです。

　なお、商品やお店の写真を撮影するときは、必ず会社の方に聞いてみてください。なかには写真撮影不可の業者さんもあります。

　名刺を持ち、あなたが仕入れたい品を探しに行くこと。

　もうあなたは立派なお店の店主さんです。いつもの仕事とは全然違うステージに立っているのです。

　ネットで仕入れるのもいいですが、やはり百聞は一見にしかずということわざがあるように、見て知ることはとても大切なことだと思います。もし、機会があれば、ぜひここに行ってみてください。

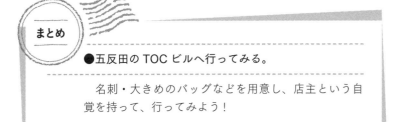

まとめ

●五反田の TOC ビルへ行ってみる。

　　名刺・大きめのバッグなどを用意し、店主という自覚を持って、行ってみよう！

3

国内で探す（インターネット）

さて続いては、インターネットのサイトを使って商品を仕入れる方法です。ここでは、3つの方法をお伝えします。

まず1つ目は、前章でも出てきたネッシーというサイトを使う方法。2つ目は、スーパーデリバリーというサイト。

スーパーデリバリーのサイトは、品質が高いものが多いですが、仕入れ登録するのに審査などが必要です。また、楽天市場のお店もこちらで仕入れしている場合もあるため、もの珍しさはないかもしれません。

そして3つ目は、ザッカネットというサイトを使います。珍しいアイテムが揃っていますし、あなたの希望条件で商品も探しやすいです。

私は以前、お店をやっている人たちに商品を卸す仕事もやっていました。この3つのサイトのうち、ネッシーとザッカネットは登録し、お店の方に商品を卸していました。そのため卸業者目線でもお話しさせていただきます！

では1から順にお話ししましょう！サイトの特徴を見て、あなたに合う総合サイトを探してみてください。

1 ｜ ネッシー　https://www.netsea.jp/

DeNA が運営する。

サイトの特徴としてはとにかく安価な商品が多く、顧客に直送してくれるサービスもある。注文をもらってからメーカーに発注してもいい商品や画像も使える商品が多いため、使いやすい。

ただ、ここに入っているメーカーは、いい会社もあれば質が微妙な会社もある。素人がやってるのかな？と思うくらいの会社もあるので、見極めは大切。それは、サプライヤー（卸業者）登録のハードルが低いため。一度自分で注文し、商品がちゃんと届くか確認したり、商品の質を見たりしてから、顧客直送してもらった方が良い。

会員登録は必要。なかには申請してようやく仕入れが可能になる会社もある。初心者には超オススメ。

2 ｜ スーパーデリバリー　https://www.superdelivery.com/

比較的、品質が高い。しかし最小ロット数が多いため、ある程度資金が貯まったり、売り先が決まってきたりしてからがオススメ。

卸業者登録はかなりハードルが高く、そのため必然的に良い会社が集まる。おそらく出店料も高いはず。

国内のメーカーが多め。また、トライアル期間は無料だが、トライアル期間が終わった後からは会費が必要（2000 円）。

3 ｜ ザッカネット　https://www.zakka.net/

メーカーに直接問い合わせをするためのサイト。この中から仕入れもできる。たとえば、売れてからの注文でも良いか？など、あなたの希望を気軽に問い合わせできる。登録されているメーカーは、国内外の展示会に出しているような業者も多数。ゆくゆくもっとお店が大きくなってきたときにも役立つサイト。

ちなみに、私も業者側でこちらに登録はしていたが、問い合わせを受けたお店の半数はやり始めたばかりのお店だった。今も取引が続いているお店ももちろんあるが、なくなってしまったお店もある。

　ネットでの仕入れは、簡単・手軽ではあります。
　しかし、簡単・手軽＝知っている人は誰でもできるということでもあります。ある意味、卸売マーケットよりも簡単かもしれません。ただ、たくさんあるサイトの中でどんなものを選び、何をどう伝えていくかはあなたの手腕です。

　最初は無理のないところから始めてみることをオススメします。

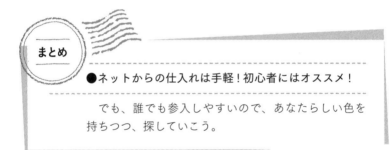

まとめ

●ネットからの仕入れは手軽！初心者にはオススメ！

　でも、誰でも参入しやすいので、あなたらしい色を
持ちつつ、探していこう。

4

難易度 3　中級編
海外で探す（インターネット）

　続いて、ハードルが少し上がりますが、グンと仕入れ値段が下が
り、かつ、日本で未発売の掘り出し物に出会えるかもしれない、海
外のサイトでの仕入れ方法をお話しします。

　では、お手軽な中国のサイトをいくつかご紹介しましょう。

1 アリエクスプレス　https://ja.aliexpress.com/

　聞いたことがある方も多いかと思います。

　圧倒的に安い。そして、圧倒的な品数を誇ります。これ見たこと
があるなあ、と思う商品も多数あります。

　気をつけなければいけないのが、こちらは外国のサイト。相手は
日本人ではありません。そのため日本の常識に当てはまらないこと
も多々出てきます。また、偽ブランド品がある場合もあります。そ
のため、ブランド品には手を出さない方が良いでしょう。

　最近では少なくなりましたが、私も一度ブランド品の偽物を買っ
てしまい、空港でおそらく処分され、届かなかったこともあります。
しかし、それは何年も前の話。今は購入者がしっかり守られている
システムとなっています。

　変な商品を仕入れないコツとしては、レビューにしっかり目を通
すことです。また、商品が届いて、少し問題があったとしても、自
分が思っていたのと違う、サイズが小さい、梱包が雑、などは海外
では通用しません。思っていたのと違う、サイズが小さい、などは

単なる確認不足とみなされてしまいます。梱包は、壊れてなきゃいいじゃないか！的な感覚です。

　しかし、商品が壊れている、頼んだ商品と違う、色が違う、個数が違う、などはきちんと対応してくれますので、安心です。

2 | アリババ　https://japanese.alibaba.com/

　こちらはもっと本格的になってきます。たとえばですが、アリエクスプレスで商品を仕入れ、売れるなあと思った場合は、アリババで同じような商品を探し、もっと安く仕入れをすることも可能です。

　また、物によっては、メーカーに問い合わせが必要となる場合もあります。少しハードルが上がるかもしれません。また、ロット数が大きくなります。

　以上２つは総合的なサイトとなりますが、もっと物を絞ったサイトをいくつかご紹介します。

　アメリカのサイトです。

3 | オーバーストック　https://www.overstock.com/

　その名の通り、メーカーの過剰在庫を扱っています。ブランド品が多いです。

　見てみると日本未発売のブランドがある場合もあります。また、これから流行が来るだろうな…といった商品も。

　サイトの質としては素晴らしいので、ぜひご参考に。

4 | イーウープロダクト　https://www.yiwuproducts.com/

　イーウーマーケットという世界中のものが集まるマーケット（卸売

市場）があります。そこの商品を主に扱っているようです。ジュエリー・ファション系です。少ない数から仕入れできるため、オススメ。

また、ヨーロッパになると、ヨーロッパらしく専門分野のサイトがたくさんあります。アジアやアメリカには総合的なサイトが多くありますが、ヨーロッパには、たとえば、毛布だけのメーカー、アロマキャンドルポットだけのメーカーなどもあります。

後でまたお話ししますが、将来的にはヨーロッパ式で、専門分野のとんがったお店の方が、個人でやっていくには成功する確率が高いです。そのため、ヨーロッパの仕入れサイト（メーカー）をチェックしておくと勉強になります。

ヨーロッパでは、メーカーから顧客や小売店への販売が主になります。いくつか、紹介します。

5 シュモックペレン　http://www.schmuckperlen.com/

こちらは、メーカーではありませんが、ドイツのビーズ屋さんです（私の趣味です。いっときここで仕入れてパーツ販売もしていました）。ここで仕入れるベネチアンガラスはとても美しく、またギリシアのパーツなど珍しいパーツもあります。

アクセサリー作家さんには、オススメです。

6 モンテスマ　https://www.montezumas.co.uk/

チョコレートのメーカー。高級チョコ。

食品を売るにあたってのいろいろな制限はあるかもしれませんが、競合も少なく、手作りお菓子や海外のお菓子の販売を中心に考えている方のラインナップにもオススメかと思います。

アマゾンで（ちょっと高いですが）並行輸入品として売っているので、試し買いをして、美味しければその先を考える、といった形でもいいかと思います。

7 ヴィンテージホールセールオンライン

　http://vintagewholesaleonline.com/

オランダの古着屋さん。

ヨーロッパらしくおしゃれな古着がありますね。

　古着を扱うには、（メルカリで販売をする際にはいりませんが）古物商という許可が必要です。

　でも、売りたいものがアンティーク品などの場合は、許可書を取得し、古着を販売してもいいかもしれないですね。ヨーロッパの古着はニーズはたくさんあると思います。

8 フレイムアンドオプティック　https://www.frameandoptic.com/

サングラスのお店ですね。

　いろいろな種類のものがありますし、変わったデザインのものもあります。デザイン性にすぐれたものもあり、またメーカー直のため、やりやすいとは思います。

　他にもいろいろあります。

　もし、こんなの探しているんだけど！なんていうリクエストがありましたら、お気軽にお知らせください。

　特典のページでいただいた質問にはお返ししていく予定です。

　そして、ぜひ覚えておいてほしいことが１つあります。

　日本では、卸売業者に商品が行き、そこから小売店へ、小売店か

ら個人へ…というような流れが今のところ主流です。しかし、ヨーロッパの場合、たとえば 1000 円の商品がある場合、顧客に販売するときには 1000 円、商売をやっている人に卸すときには 500 円など、メーカーが直で顧客に売ることが主流です。そのあたりの流通方法が違うのです。

　今は直接影響はないと思いますが、ゆくゆくもっと本格的に商売としてやっていきたいときには、思い出してもらえればと思います。

　なお、最初に仕入れするときには、支払いはペイパルをオススメします。なぜなら、不達などのトラブルを避けることができるからです。クレジットカードは支払い記録が残るため安全です。間違っても銀行振込はダメですよ…手数料と手間がかかります。ペイパルがどうしても無理な場合は、デビットカードを作っての支払いなどがオススメです！

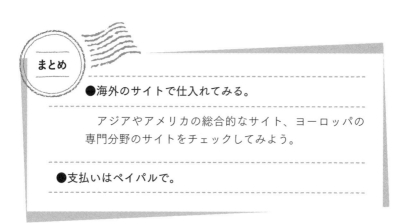

まとめ

●海外のサイトで仕入れてみる。

　アジアやアメリカの総合的なサイト、ヨーロッパの専門分野のサイトをチェックしてみよう。

●支払いはペイパルで。

5

難易度 4 **中級編**

海外で探す（インターネット・アメリカ・ヨーロッパ）

何度も言いますが、大切なことなのでもう一度！ネットショップは商品が命です！そこで、今回は少しハードルが上がりますが、海外、特に欧米から仕入れをするルートを作る方法を紹介します。日本未発売の品や質の良い物を仕入れられる可能性が高いです。

できましたらこの本を読みながら進めてください。スマホでもできますが、もし家にパソコンがある場合は、パソコンで見ていただけると、より写真も見やすく、いろいろな種類の商品が探せますよ！

まず、●●（英語）wholesale などと検索すると、海外の業者は探せます。しかし、怪しい業者だったり、今はやっていなかったりする場合もあります。私は最初、何も知らなかったためそんな方法で海外の仕入れ先を探していましたが、はっきり言って超非効率ですしキケンです！

そこで、あるサイトをご紹介します。

▶セールフー　https://www.salehoo.com/

こちらは、海外の卸業者、メーカーなどが登録をしているプラットホームのようなサイトです。そして、卸したい人と、仕入れたい人のマッチングサイトでもあります。残念ながら英語だけなので、グーグル翻訳などをお使いのうえご覧ください。

ただ、マッチングについては、最初は難しく感じることもあるでしょう。そのためどんな業者がいて、どんな風にものが買えるのか

を知る、という目的で使ってみましょう。日本のサイトで言えば、ザッカネットがこれに当たるかな？？とも思います。

　そして、万が一ここに掲載されている業者から商品が送られてこない場合などは（今までいろいろな会社とやりとりしましたが0です）、このサイトに伝えましょう。

　このサイトの大きな特徴としては、海外のブランドを仕入れられることです。万が一偽物が届いた場合は、送り返すことができますし、きちんとトラブルに対応してくれる良質な業者が登録されていますので、安心です。

　では実際に画面をご覧いただきます。

　登録の方法は、右上の赤い部分から！細かい登録方法は、省きます（ユーチューブチャンネルで紹介しています）。

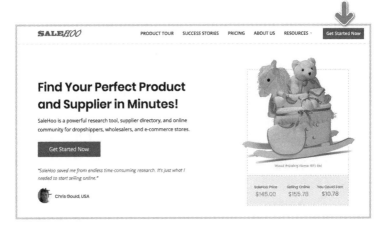

　こちらは、1回きりですが登録料金がかかります。そのため、登録する、しない、はお任せしますが、どんなものがどれくらいの値段で販売されているのか、ご覧ください。

まずは、ドルチェガッバーナのスカート。

バイマというサイトでも10万近くで販売されています。

これが、7万程。しかも売れたら発送をしてくれる方法（ドロップシッピング）に対応しています。

ワンピース。仕入れで1000円くらい。質的にも3000円以上では販売できるかと思います。

基礎化粧品。販売するにはいろいろな許可が必要。でも許可が取得でき、とても良いものであれば化ける可能性があるので、化粧品を考えている人にオススメです。

スポーツウェア。ロット数があり
ますが、いいものは普通に購入する
と意外と高いため、オススメです。

こちらは企業紹介の画面です。

　ビジネスの年数のほか、企業からのメッセージ、最小ロット数な
どが表示されており、企業に問い合わせを都度都度入れなくても、
最低限の情報を知ることができます。

このような形でいろいろな商品が閲覧できます。

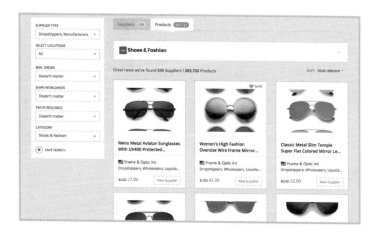

カテゴリーを選んで、見たい商品を探す方法が一番楽です。

　この画面はパソコンですが、国別や、業者の種類（メーカー、小売業者、卸業者）でも探すことができるため、とてもリサーチが楽チンです。

　私もこちらのサイトはかれこれ10年ほど前から使っています。あの頃と変わらないメーカーもあります。また、イーベイ（アメリカのオークションサイト）で売られているような品々の仕入れ先でもあります。

　初回だけお金がかかりますが（当時6000円ほど）それ以降は私のように10年経過しても使い続けられますので、余裕があったり、少しずつ売れる商品のコツがわかったりしてきたときには、ぜひ利用してみてください。

　また、最初は、ロット数を 1 人で売れないなあ…という方向けの
独自のサービスもご用意していますので、ぜひ特典ページをご覧く
ださいね。

　本書のテーマは、自分探しでもあり、自分らしさの発見でもあり
ます。そしてあなただけのネットショップを作り、その中であなた
らしくあなたが好きな物を売っていくこと。

　ご自分の感性でピンと来る商材は必ずありますので、いろいろ眺
めてみてくださいね。

まとめ

●欧米から仕入れをするルートを作る。

　　プラットホームのようなサイトを利用して、効率的
　　に探そう。

難易度5 中級編
80パーセントの人が知らない穴場で探す

　少なくとも私の周りには、ここの存在を知らない人が多かったという意外なサイトがあります。しかし、探し出すとキリがなくなるため、ある程度方向性が決まってからがオススメです。そのサイトとはジェトロです。ジェトロとは、経産省所管の独立行政法人です。

▶ジェトロ　https://www.jetro.go.jp/

　ユーザー登録をすると、こんな画面を見ることができ、ジェトロのサイトを通して、いろいろな業者とやりとりもできます。
　また、展示会の情報のほか、マーケティング情報なども掲載され

ているため、とても勉強になります。

　もっと先の話になるかもしれませんが、こんなところでも商材は探せるんだということをぜひ覚えておいてください。

　特徴としては、ビジネスに真剣に取り組んでいる会社が多いこと、そして日本未発売の商品が多いことです。また、業者によってはサンプルを用意してくれている会社もありますので、サンプルを取り寄せてみるのもいいでしょう。

　ただ、意外と知られていないだけで、この引き合い情報は、誰でも載せることができるため、実際の取引をする際には注意が必要です。ジェトロはこの場をプラットホームとして提供しているだけで、やりとりは当事者同士で、というのが前提です。とはいえ、悪徳業者の注意喚起などはありますし、きちんと管理はされていますので、ほぼ安心して使えるかと思います。

　私の経験上ですが、海外とのやりとりは、まずはペイパルを使う、もしくは銀行振込ならば1回会った業者に限ったり、間に日本人の代行業者を入れたりする、こんな形で取引をしていました。会ったこともない相手に海外送金、これは、危ないです。最低限、自分で防御できるところは防御しましょう。

　では、実際に簡単な使い方をお話しします。スマホからも見えないことはないですが、パソコンの方がわかりやすいため、スクリーンショットはパソコンのものをご紹介しています。

　案件分類で探しているジャンルを選択、登録国は日本、もしくは海外の地域を絞っても構いません。交流形態は、商品を探している場合は、商品を「売りたい」を選びます。そのほか、特定のキーワードがあれば入力して検索します。

　また、海外とのやりとりを代行してくれる業者、輸入を代行してくれる業者、さらには海外へ展示会見学へ行った際にアテンドしてくれる人も探すことができますよ。

　私の実例ですが、まずはここで中国の輸入代行業者を探しました。日本の現地法人の方がやりとりに入ってくれるため、とても楽でした。そして、いろいろな中国の市場で売られている石などを仕入れたりしてきました。また、海外の展示会のアテンドをしてくれる方もこちらで探しました。

　さらに、私の場合、当初は仕入れて売るスタイルでしたが、資金が貯まってきたら、オリジナル製品を作るようになりました。日本の材料を使ったアクセサリーや日本の資材などをジェトロに売りたい登録をして海外へ輸出もしました。

　とても使いやすいと思いますし、ほぼ探したいものは探せるとも思います。困ったときはジェトロで探す、くらいのつもりでぜひ使ってみてください。

　また、売りたい商品の下に「**コンタクトメール受信数**」とあります。こちらはこの業者、商品に対してメールを送った人の人数が表示されています。これを見ると、メールが多いとニーズが多く、メールが少ないとニーズが少ない、といった目安にもできます。

もし商材があまり決まっていない場合は、メール受信数が多い商品を参考にしてみることをオススメします。

　なかには、（株）や（有）がつく会社にしか卸さない卸業者もあります。
　取引の条件はタイトルをクリックすると見ることができます。ただ、取引条件にいろいろ書いてあっても、交渉次第では、最初はロットが少なくていい、など、いろいろと相談に応じてくれる会社もありますので、これ！と気になったらまずは問い合わせしてみましょう。

　なお、海外の業者の場合は、**日本語対応可**と書いてある会社以外は、英語で問い合わせる必要があります。

法人本社・担当者情報	▶ 詳細を見る
法人本社名	SIA SNC DI BOCCASSINI G E B ⤷
業種	0016 精密機械・器具関連業（測定・分析用、医療用、理化学・光学関連、他）
担当者氏名 / 部署 / 役職	Ms. Bruna Gabriella Boccassini　Export　Manager
TEL / TEL2 / FAX	+39-0290390206 (固定電話) / 記載なし / 記載なし
住所	Industrial Building Flat Floor, Via Galileo Ferraris sn, Cusago, Milano, 20090, Italy
ユーザー間での対応言語	英語
この担当者が受けた評価	取り引き評価システムとは 🗔
この担当者が行った評価	

※ TTPPでは、商談やメールのやり取りをしたユーザー同士が、お互いの満足度を採点する取り引き評価システムを導入しています。

　ちなみに、衣服や雑貨などオリジナルで作成してくれる会社も、ここで探すことができますよ！

　各国によって得意分野があります。縫製なら、ベトナム、宝石加工ならタイ・スリランカ・インド、天然石加工なら中国、といったように、です。

　ベトナムは、フランスの服などの縫製工場があり、またフランスの植民地だったこともあり、オリジナルの服やデザインも、おしゃれなものも多いです。またチョコが美味しかったりします。

　ジェトロを見ると、海外の国や国際情報についてなんとなく肌で感じることもできます。登録は無料です。ぜひ登録してみましょう。

●穴場のサイトで仕入れる商品を探してみる。

　売りたい商品が決まっていない場合は、メール受信数を参考に。

　商品だけでなく、輸入を代行してくれる業者や海外へ展示会見学へ行った際にアテンドしてくれる人も探すことができる。

7

難易度6 上級編
海外の見本市展示会で探す

　最後は少し上級編です。こんなことできるの？って思われる方もいるかと思います。それは、海外の見本市を使う方法です。

　海外の展示会情報はジェトロのサイトから探すことが可能です。

　初めは、総合的な見本市をオススメしますが、あなたに何らかの専門分野があったり、気になるものがあったりする場合などは、分野が限られた展示会の方がゆっくり品定めはできるかとも思います。

　また、消費者向けの展示会も表示されていますので、あなたが海外旅行へ行く予定があれば、展示会を回ってみても良いかもしれませんね。あまり旅行のガイドにも展示会を回ることは掲載されていないはずですし、最新のものや情報が手に入る可能性も十分です。

　事前にチケットが必要な場合がありますが、有料であったり、Eチケットだったりもします。気になる展示会のページを開き、万が一言語がわからない場合は、翻訳ツールなどを使って展示会情報を見てみましょう。

　海外の展示会の多くは、１日で回りきれません。何日か時間を取ることをオススメします。

　海外のメーカーは、展示会でお客さんを開拓しています。そのため、セールスマンは会社におらず、製作者が展示会で商品を展示し、営業もするパターンも多いです。日本でも、最近はそんな会社も増えてきたようには感じますが、基本的には会社があり、セールスマン

がいて、会社によっては代理店を紹介されたりすることもあります。

　海外は卸業者を使うパターンよりも、メーカーから直接卸す場合が多いです。また、最初の取引に関しては、きちんとお金さえ払えば、そんなに難しい審査もありません。気になる業者がいたら、連絡先は聞いておきましょう。展示会に出しているような業者は英語は通じますので、英語のやりとりで大丈夫です。グーグル翻訳でも、中学生レベルの英語でも大丈夫です。

　英語圏以外の人は、みんな英語は外国語です。英語は単なるコミュニケーションのツールなので、発音がどうのこうの、文法がどうのこうのなんて気にすることはありません。イタリアでも片田舎へ行くと英語はほとんど通じず、単語で会話するくらいのレベルです。

　そして、英語圏の人からしたら、日本人は外国人です。英語が得意でないこともわかっています。私たちも外国人からたどたどしい日本語で話しかけられても、何も思わないですよね。それと同じだと私は思っています。とある旅行バラエティ番組の出川さん流でどんどん話すことが大切です。そのうえで、最小ロット数、支払い方法などの重要なことは、日本に戻ってから改めてメールで問い合わせをし、メールの文面でもらっておくのが良いかと思います。

　また、中国には常設の見本市があります。1日どころか、1週間でも回りきれないほどだとか…。

　中国にはアジア中のものが集まりますし、世界の工場でもあります。物のクオリティにも差はありますが、一度行ってみることをオススメします。

　ちなみに、私は、台湾旅行の際に台湾の文具の見本市に行き、イタリア旅行に合わせてイタリアの見本市に行きました。

　台湾では、スマホのタッチペンや可愛いらしい文具をいくつか仕入れました。台湾の人たちはとても親切ですし、仕事も丁寧です。また、比較的日本語が通じやすく、行きやすいとも思います。ただ、日本の会社が台湾で展開をしていることも多く、日本人からしたらあまり新鮮さは感じないかもしれません。

　イタリアでは、宝飾の見本市と総合的な見本市に行きました。総合的な見本市では、今日本でもかなり売られている、トルコ製のカラフルで小さく折りたためる収納ボックスが初出品されていました。イタリアだけではなく近隣諸国からも出品されています。

　ちなみにトルコのボックスですが、私はとても気に入って交渉に入りかけたのですが、同行していた人がイタリア製にこだわったため却下されました…。

　ところが、今、かなりいろいろなところで売られているため、あのとき独占契約を結んでおければなあ…なんてちょっと後悔もしています（笑）。でも、また新しい商材と出会えることを、楽しみにしています。

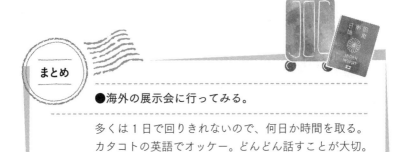

まとめ

●海外の展示会に行ってみる。

多くは 1 日で回りきれないので、何日か時間を取る。
カタコトの英語でオッケー。どんどん話すことが大切。

やるならとことん、とんがっていこう

やるならとことん、とんがることの大切さ。

私はいろいろな人たちと、ネットショップの立ち上げの話をする機会が多く、そのなかで気づいたことがあります。

BASE って、個人の趣味を思い切り出せる、自分を自分らしく表現できる場でもあるのではないかと。

たとえば、世間一般には A が人気かもしれません。しかし、少なからず B が好きな人、C が好きな人もいます。そして、あなたは B が好きだとしましょう。

どうしても利益を追求すると、人気のある A にばかり目が行きがち。でも、もし自分の好きなものを追求するならば、A じゃなくて B を選び、B に特化した店を作ってみてください。そうすることで、あなたのお店はあなたのカラーとなり、あなたと同じような趣味の方が集まるお店となるのです。これはとても強いです。そのため、どんどんとんがることをオススメします。

自分の世界や、普段なかなか表現ができないことを、ショップと商品という展示物によって思い切り表現する。あなたの美術館に展示する !!

こんな発想でやってみると、普段の仕事とは違った視点でやることができてとても楽しいはず。

あなたしかできない、あなたしか表現できないことが必ずあるはずです。そんな発表の場としても使ってみてください。

第 **5** 章

スマホで OK
早速5万円稼ぐための最短メソッド

1

仕入れる前にテストする方法

　ではこの章からは、実際に物を販売し、さらに売り上げを上げて、どんどん稼いでいく方法をお話ししていきましょう。

　まず前提として、いろいろな流行りはありますが、自分が楽しいと思えるもの、ここからは離れないようにしてくださいね。本当は、自分はこっちが好きだし楽しいけど、今の流行りはこっちだから…と言って逸れてしまうと、楽しくなくなってしまいます。
　副業なのに、苦痛を感じたら、副業の意味がありません。
　今風の副業はあくまで楽しいもの、そしてそれがお金になるのです。

　まず、売りたいものが果たして売れるのか、テストをしてみる方法をお伝えします。
　初めに、気になる商品が見つかったら、アマゾンで検索をしてみます。アマゾンで売っているからといって、仕入れてはいけないというのではありません。最初からあなたの独占販売商品や日本未入荷商品はほぼ見つかりません。なので、最初に探した商品はきっと誰かがもう仕入れて販売をしているはずです。でもそれで構わないのです。ゆくゆくオリジナル性を高めていけばいいのですから。

　アマゾンで商品が見つかったら、レビューをチェックしてみましょう。レビューの数が多い、そしてそこそこ評価が高い（4以上）のであれば、第一関門は突破です。

　次に、ヤフオクで探してみます。ヤフオクで、もしアマゾンと値段の開きがありすぎる場合は、値崩れを起こし始めている可能性があるため、控えた方が良さそうです。その後、メルカリでも探してみましょう。メルカリでも同じです。メルカリに商品が出すぎている場合などは要注意です。

　私の場合は、試し仕入れを数点してみて、ヤフオクやメルカリに出品をしてテストをしていました。

　目安として、ヤフオクの場合、アクセスに対してウォッチリストが10パーセント以上入った商品はほぼ良い値段で売れました。また、メルカリでも同じく、出してすぐ「いいね」がつく商品は、ほぼ良い値段で売れました。

　メルカリでは、「いいね」の数がわかるのですが、ヤフオクでは、出品者でないとアクセス数がわからないため、出品をしてテストをしていたのです。

　ついでに、商品がヤフオクで落札されたり、メルカリで売れたりしたら、資金源にもなります。ただ、この方法は、ある程度物の仕入れ方のコツなどがわかってからでないと、損をしてしまう可能性があります。また、ヤフオクで売れやすいもの、メルカリで売れやすいものなど、サイトによって特性もあります。

　特にサイト関係なく、商品がテストできるのがアマゾンなので、仕入れる前にはアマゾンで、ぜひ検索をしてみてください。

　そのほか、ネットで商品名を検索する方法でも構いません。ただし、たとえば楽天市場などの商品の場合は、お客さんが楽天のカードを持っていたり、ポイントを貯めていたり、楽天の常連であったりすることも多く、参考にならないこともあります。

ネットで検索をしていると、極端に安い商品が表示される場合があります。全てとは言いませんが、極端に安い商品は、写真は似ていても、買うととんでもない商品が届くこともあります。

　自分が仕入れたい商品が自分の仕入れできる値段以下で販売されていても、焦らないようにしてくださいね。私は焦って、仕入れ場所を極端に安い方に変更した結果、大変な思いをしました（買ったものが使いものにならず、泣く泣く全部捨てました…とてもじゃないですが、日本で売れるものでも、自分で使えるものでもありませんでした）。

　特典ページ内では、いろいろな最新の実例を更新していますので、ぜひご覧くださいね。

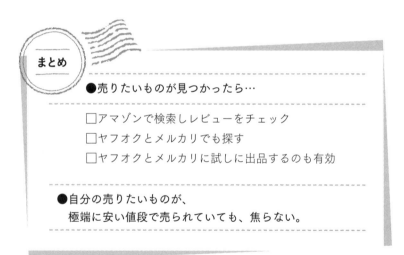

まとめ

●売りたいものが見つかったら…

□アマゾンで検索しレビューをチェック
□ヤフオクとメルカリでも探す
□ヤフオクとメルカリに試しに出品するのも有効

●自分の売りたいものが、
　極端に安い値段で売られていても、焦らない。

2

商品の魅力を伝える写真撮影方法

　ネットショップは写真が命です。また、最近では、スマホで写真を閲覧する方が多いため、わかりやすい写真が必須です。そこで、写真を撮影する方法と、押さえておきたい魅力的な商品の撮影方法をお伝えします。

　まず、写真は数枚、撮影する必要があります。1枚目はシンプルに商品だけの写真。2枚目は使い方の具体例がわかるような写真。3枚目は細部の写真です。もちろん物にもよりますが、最低でもその3枚は用意しておいた方がいいでしょう。

　今までですと、写真ではなく、商品の説明の中で具体例を記載する方法でも、そこそこ反響がありました。しかし、今や情報の流れも速いため、写真でも具体例がわかった方が伝わりやすいです。

　また、余裕があれば、サイズなども商品の中に記載しておくと、より望ましいです。

　あるいは、手だけでも構いませんので、人が写真の中に入ると、共感を得やすくなります。この商品を自分が使ったらこうなる、ああなると想像がしやすくなるのです。顔は映っている必要はありませんが、可能でしたら人の手などが映る写真を撮るといいでしょう。

　あとは、プレゼントであげられそうなものでしたら、プレゼントの梱包をして実際に渡すようなシーン。自撮りで自分の手を撮影してもいいですし、友人に頼んで写真撮影をお願いしてもいいかと思います。

物だけの写真と、人の雰囲気がわかる写真だと、反響が異なってきます。

さらに、写真は、自然光の中で撮影すると綺麗に写ります。アマゾンなどで撮影ボックスを買うのもオススメです。

アクセサリーなどの光物はアクリル版の上に置いたり、金属の場合は黒の背景の上に置いたりするといいでしょう。ギフトボックスがある場合は、ギフトボックスと一緒に写真を撮ることで、よりプレゼントとしてのイメージもしやすくなります。

写真をスマホで撮影する場合は、3分割（グリット）を表示する設定にして撮影します。

食べ物やコーヒーカップなどを見せたい写真は、対角線構図と言って、対角線の上に商品がのるような構図で写真を撮影するといいでしょう。パッケージがある商品も対角線構図がオススメです。

また、画面の中央に見せたい部分を持ってくるという構図もオススメです。

あとは、たとえば瓶の中にいろいろなものが入っているような商品やビーズなどの商品は、S字構図と言って、S字に物を配置するのも効果的です。

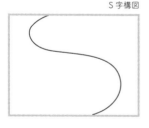

3分割（グリット）

対角線構図

S字構図

イメージ写真、商品写真、使用イメージ、のうち、構図が使えるのはイメージ写真です。そして、商品写真を撮影する場合は、中央にものが来るように撮影しましょう。

写真のテクニックはいろいろありますが、興味がある方は、商品写真撮影の本などを買って調べてみるといいでしょう。オススメの本をご紹介します。

『売上がアップする商品写真の教科書』（玄光社、2017年）
　基本的にデジカメでスタジオで撮影することが前提ですが、スマホでの撮影にもヒントはたくさんあります。
　いろんな撮影写真の本がありますが、私はこれが一番わかりやすいと感じました。

　以下に、より魅力的な写真を撮影できる小道具をまとめました。よろしければ参考にしてみてください。

●アクリル版（アクセサリーなど）
●箱、木、黒い布（プレゼントや高級感があるもの）
●白い布、板（食品）
●ハンガー、トルソー（洋服）
　※ショップで洋服を扱う場合、撮影が難しいため、メーカーから写真をもらい、詳細画像だけ自分で撮影するのが良い。

●撮影ボックス
　撮影ボックスの中に上記のものを置くと、より美しく撮影することが可能。

※安価な物だと600円ほどからありますが…壊れやすかったりもするため1000円以上の物を選んだ方が長く便利に使えます。ちなみに私は3980円の物をかれこれ5年使っていました。

箱の素材がプラスティック（画像はプラスティックのもの）よりも、布製の方が柔らかな自然な雰囲気で撮影ができるため、オススメです。

●季節感を感じる小物

たとえば、貝殻、造花などがあります。

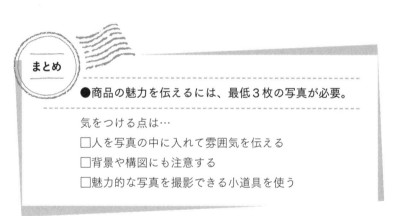

まとめ

●商品の魅力を伝えるには、最低3枚の写真が必要。

気をつける点は…
☐人を写真の中に入れて雰囲気を伝える
☐背景や構図にも注意する
☐魅力的な写真を撮影できる小道具を使う

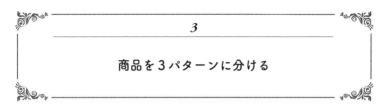

3

商品を 3 パターンに分ける

　商品を実際に仕入れたら、ぜひやっておいてほしいことがあります。それは商品を 3 つに分けることです。

　え？？と思いますよね。では実例を挙げながら、その理由もお話ししていきます。

　Aさんは、アクセサリーの材料を仕入れました。今回仕入れたのは以下の 3 つです。

　1 つは、スワロフスキービーズ。もう 1 つは、チェコガラスのビーズ。もう 1 つは国内で作られているトンボ玉です。

　この 3 つ、あなたなら同じ値段で売りますか？それとも値段を変えますか？？ちなみに、仕入れ価格はほぼ同じです。

　Aさんは、こう値段をつけました。

　スワロフスキーが 700 円、チェコビーズは 500 円、国産のビーズが 300 円。

　すると、お客さんはこう考えます。スワロフスキー欲しいな。でも高いな。どうしよう、チェコビーズにしようかな。国産ビーズは安すぎるなあ。品質大丈夫かなあ…。チェコビーズも綺麗だから、それにしよう。

　不思議なことに、値段を分けると、真ん中に設定したものが売れていきます。これは、ネットショップに限らず、いろいろなサービスなどにも言えます。

これが価格を3つに分けてみるということです。

同じようなカテゴリーの商品の中で、「高い」「中」「安い」のうち、「中」の値段に、一番利益率がよく、さらに仕入れも安い商品を持ってくるのです。これが売り上げを上げるコツです。

この現象、何か思い当たりませんか？
そうです。松竹梅。ゴルディロックス効果、別名、松竹梅の法則とも言われています。
人は3段階の選択肢がある場合、真ん中を選びたくなるのです。隣の価格が参考となり、価格や内容を比較する行動を引き起こします。通常は飲食店などで使われるのですが、ネットショップでも十分使うことはできます。

たとえば、同じ価格帯の商品がずらりと並ぶと、他のお店と商品を比較されてしまいます。しかし、お店の中で選択肢があると、そのお店の中で選ぶようになります。

コツとしては、商品を掲載するときに、たとえばAさんの場合でしたら、左にオーストリアのガラスビーズ700円、中央にチェコガラスビーズ500円、右に日本製300円と表示をしてみるのがオススメです。

値段のつけ方にもコツがあります。松が600だとしたら…竹が400、梅が200です。この場合、400円の竹が一番売りたい価格の商品になります。

　ぜひこの理論を知ったうえで世の中のいろいろなものを見てみましょう。スマホの値段、パソコンの値段などなど…新しい発見があるかもしれません。

　もちろん、高いものが売れる場合も、安いものが売れる場合もありますが、高すぎず、安すぎず。こんな風な値段設定をぜひしてみましょう。

　最初は慣れないかと思いますが、どんどんコツはわかってきますから、安心してください。

　そして、コツがつかめるまではいろいろ試してみましょう！

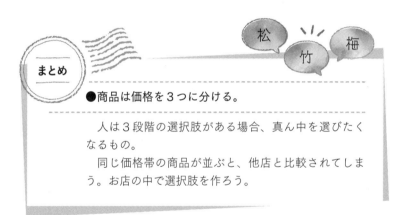

まとめ

松　竹　梅

●商品は価格を3つに分ける。

　人は3段階の選択肢がある場合、真ん中を選びたくなるもの。
　同じ価格帯の商品が並ぶと、他店と比較されてしまう。お店の中で選択肢を作ろう。

4

3パターンの商品の見せ方

　3つの商品、見せ方もちょっと工夫をしてみましょう。といっても、慣れてくるまではなかなか手は回りません。そのため、ちょっとだけ頭に置いておけば大丈夫です。

　まず、一番売りたい商品。もし、商品が3列に並ぶような配置ができるのであれば、一番売りたい商品を中央に持ってきます。それは、左右と比較してもらうためです。ただ、スマホだとあまり配置はわからないため、並べ替えをするくらいで大丈夫です。

　商品の説明にも力を入れましょう。セット商品であるならば、中身を太いカギカッコで囲み、内容量を明記しましょう。

　次に、一番高い商品、または一番安い商品。一番高い商品は、●●だから高い、一番安い商品は、●●だから安い、という理由がわかることが大切です。

　これは、お寿司の松竹梅を見てみると良いかと思います。ほとんど寿司ネタは同じですが、梅にはトロがない、ウニもない、けど竹にはトロが付いている、ウニも付いている。松には大トロが付いている。その他の具は一緒…。

　そうであれば、人は、松は大トロが付いているから高いんだな、梅にはトロとウニがないから安いんだな、と納得します。

　ただ単に、値段が安い・高いだけでは納得しません。

　また、仮に、10000円、12000円、20000円のネックレスがあるとします。

　10000円のネックレスのチェーンは、合金製のもの。12000円はシルバー925。20000円は、10Kゴールド。だとしたら、チェーンの種類が違うから値段が違うんだな、と納得をします。

　商品の配置について補足をすると、BASEには並べ替えの機能が付いています。

　上から、同じようなカテゴリーの商品を、「松」「竹」「梅」、「梅」「竹」「松」のように並べ替えて見ることができます。

　並べ順としては、まずは「梅」でひきつけ、「竹」に…のような感じで誘導してみるといいでしょう。それは、今はスマホでたくさんの情報が入ってくるため、初めから「松」を持ってくると、高いなあと思われてしまうためです。

　また、できれば写真の中にも、違いが明確になるような要素を入れておきましょう。たとえば、「松」「竹」「梅」で、テンプレートは同じでも、背景の色を変えておくなどの工夫もできます。

　最近のお客さんは特に、次のような傾向が強いです。

```
写真を見る（お店に興味はある状態・買う確率は10パーセント）
```

```
気になったら写真をスワイプしてさらに2枚目3枚目以降を閲覧
（商品にも興味はある状態・買う確率は30パーセント）
```

```
さらに気になったら文章をしっかり読む
（買う確率は60パーセント）
```

最後の段階まで来たら、しっかり文章にも目を通してくれます。ここで、商品説明がしっかりしていたり、他の品との違いが明記してあったりすれば、買ってくれる確率はグンと上がります。

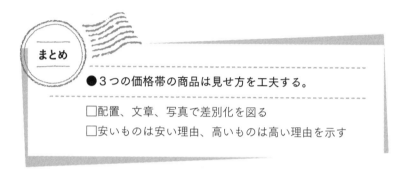

まとめ

●３つの価格帯の商品は見せ方を工夫する。

□配置、文章、写真で差別化を図る
□安いものは安い理由、高いものは高い理由を示す

5

商品説明にスパイスを加えて
購買率を上げる方法

　前節では、お客さんが文章まで読んでくれたら購買率がかなり上がるとお伝えしました。

　あなたは、文章なんてどれも同じ。そう思っていませんか？　最後の一押し。気づいたら商品を使っている姿を想像している。こんな想像を相手にさせられるツールは文章だけです。

　実は私は、今までたくさん文章を書いてきました。自社製品だったら最低でも2000の商品については書いてきました。また、他のお店の文章や、依頼があれば求人広告なども書いてきました。時間が空いたときに、コピーライターの仕事をちょっと請け負ってやっていたこともあります。

　その経験を踏まえ、ちょっとしたコツを数点お話ししますね。このコツさえ覚えておけば、自分の商品の文章なら、問題なく書けるはずです。そして実は、本書にもたくさんのヒントをちりばめています。あなたは気づきましたか？？（たまに開催している文章セミナーと同じ内容をご紹介しちゃいますね！大サービスです）。

1 簡単な言葉で書く

　たとえば、「このガラスは職人さんが1つずつ手作業で作っています」が簡単な言い方。難しく言えば、「●●工法により製造された工芸品ガラス」。後者の方が高そうな気はしますが、前者の方が読みやすいと思います。

2 1つのセンテンスを短く

たとえば、

「このガラスは手作りです。1つ1つ手作業で作られています。どんどん作れる職人も少なくなってきました。そのためとても貴重なものです。」

これは短い言い方。

「このガラスは手作りガラスであり、なおかつ職人が1つ1つ手作業で作り、何度も試作を重ねて我々の元に届く希少なものです。また、職人には熟練された技術が必要であり、現在職人すら希少な存在となってきています。」

これは長い言い方。

なんとなく息が詰まりませんか？ 小説ならいいんですけどね…。

3 話しかけているような言葉で書く

たとえば、「今から書きます」ではなく、「今からお話ししますね」

これは、本書の中にちりばめています。そうすることで、目の前に人がいるような気になります。

最後に、商品説明に大事なこと。

4 未来を見せる

試しに、文章で、あるネックレスの未来を見せてみます。

「カラフルなネックレスなので、白いお洋服にぴったりですね。なんだか胸元がさみしいなあ…と思うときに、ぜひつけてお出かけしてみてください♪ とても映えますよ。」

「『ネックレス素敵だね』って言われた。
こんなメールが当店にたくさん届いている、人気のネックレスです。」

　商品が届いて、実際につけたらこうなるよ、という未来を見せています。これで、ああ、あの服にいいかも。それで出かけたいわ。こんな未来をお客さんの頭の中に作るんです。

　最初は難しいと思うかもしれませんが、慣れです。たくさん書くことでどんどん慣れていきますよ。最初から100％できなくても大丈夫。少しずつ書いてみましょう。
　あなたがどこかで物を買うとき、文章を見ているはず。そんな自分を俯瞰してみてください。
　頭の中では、これ買ったらここに行けそうだな…これ買ったらこれ作れるなあ…そんな未来を想像しているはずです！

　最後の一押しには文章のスパイスを加えて、お客さんの「買いたい」を後押ししてみましょう！

まとめ

●文章はお客さんの「買いたい」を後押しするツール。

　ちょっとしたコツを押さえて、お客さんに商品を使っている姿を想像させよう。

慣れれば3分、
毎日時間を決めて商品登録

　商品の登録についてお話しします。BASEはとても簡単に商品登録ができます。私はいつも時間と日にちを決めて登録をしています。なぜなら、だらだらやるよりも、たとえば水曜と金曜、朝晩（通勤時間だけ）登録！みたいにした方がリズムも出来るからです。

　私は週に2回商品登録をして、1日は予備日でもいいかなと思います。仕事感覚じゃなく、趣味感覚で楽しみながら、商品を登録してみましょう。あなたが選んだあなたらしい商品を、どんな人が見てくれるのかな…そんな風に楽しみながら登録をしてみましょう！

　イメージとしては、真っ白な美術館に、あなたが選んだ商品をどんどん並べていく！こんな感じです。

　曜日を決めて商品を登録するのには、もう1つ理由があります。

　それは、あなたの商品登録リズムをお客さんにも把握してもらうことで、あ、今日は新しい商品がアップされる日だな、どんなものがアップされるのかな、なんて楽しみにしてもらえることです。

　たとえば、新しい商品が10あるとします。水曜に3つ、金曜に3つ登録。そして予備日として土曜に登録。こんな感覚でもいいと思います。

　また、商品を登録する前に、商品撮影は済ませておきましょう。そして、商品の写真は、スマホのアプリでも構いませんので、中に情報が入るような加工をしておくことがオススメです。なぜなら、

写真から得る情報はとても多いからです。

そのため、たとえば、スマホで画像を加工する日を決めておくのもいいですよね。

では、登録の方法をお伝えします。

1 「商品を登録する」をタップします。

2 商品名などを入力します。

❸ 写真を登録します。アルバムから写真を選び、タップするだけ
でオッケーです。写真の入れ替えは写真をロングタップし、入
れ替えたい写真の上で指を離してください。

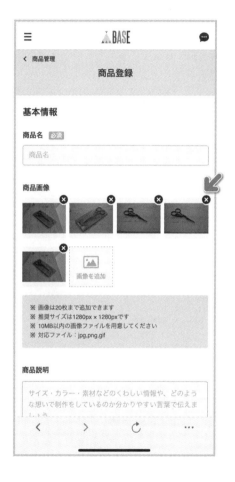

4 サイズ、素材などは大切です。選ぶときの基準になります。また、値段も入力しましょう。

5 下の方にある「登録」をタップします。

ショップの管理ページからはこんな感じで表示されます。

　いざアップしてみると、明るく撮ったつもりの写真も暗くなってしまっている場合があります。写真は、状況に応じて撮り直し、どんどん更新していきましょう。

やり続けることが上達への近道ですが、カメラマンにお願いをするというのも１つの方法です。

　ちなみにお客さんから見た画面はこちら。

　いかがでしょうか。慣れてきたら、登録だけでしたら３分もあれば十分です。

　タイトルは、シンプルにわかりやすく。理想は、何に使うのかまでわかるものがいいでしょう。
　たとえば、
　アンティーク調ハサミ　糸切り　裁縫箱ハサミ　可愛い人気
　サクサク切れる

　などなど…単語だけでも大丈夫です。

　説明文では、未来を見せることを忘れずに。

　慣れないうちは説明文はシンプルで大丈夫です。とにかくBASEは簡単に載せることができます。後から載せてみたページを見直し、誤字脱字がないかしっかり確認しましょう！

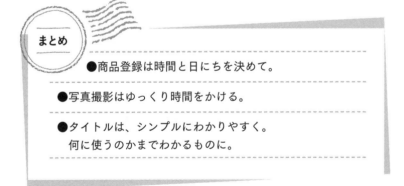

まとめ

●商品登録は時間と日にちを決めて。

●写真撮影はゆっくり時間をかける。

●タイトルは、シンプルにわかりやすく。
　何に使うのかまでわかるものに。

BASE の素敵なお店

column05
コラム

　どんなお店にしようかな？なんて少しずつイメージが湧いてき
た頃でしょうか？？

　BASE では、仕入れた商品を販売することもできます。そして、
オリジナルの商品や、物がない物…を売ることもできます。

　3つ実例をご紹介します！

　店主は、澁谷由貴子さん。

　ファブリックデザイナーとして活躍する澁谷さんの作品を BASE
で販売中です。さまざまな布柄と色合わせを楽しむ、バッグや小

154

物が大人気で、オススメは、街歩きやエコバック、図書館バッグにも使える「すごく大きなバッグ」!

　言葉で表現できない抽象的な現象をプリント柄にする「動詞の言葉・イメージシリーズ」をリリース中（sibu で検索）。

https://sibubags.thebase.in/
https://www.instagram.com/sibu_bags/

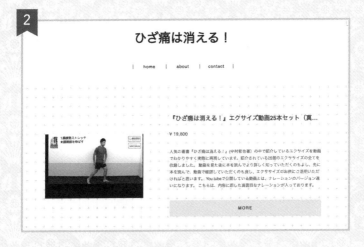

　店主は ICE GREEN の榎田要さん。

　こちらは、中村哲也氏の人気の著書『ひざ痛は消える!』の中で紹介しているエクササイズを実写動画でわかりやすく再現し、販売しています。著書内で紹介されている 25 個のエクササイズ全てを収録しています。

https://hiza2kieru.thebase.in/

3 すうがくやさん 🛒

すうがく
やさん

数学を、おしゃれに、ポップに

数式ネクタイ
¥ 3,850

πのラペルピン
¥ 1,650

　店主は鈴木伸介さん。数学の受験指導の事業をしながら、おとな向けに数学の面白さを伝える活動をしています。

　数学を、おしゃれに、ポップに、という思いでネットショップを立ち上げました。多くの人が感じている「難しい」「堅苦しい」という数学のイメージを「楽しい」ものに変えるための一環として、ユニークな面白数学グッズを取り扱うネットショップを運営されています。

https://suugakuyasan.
official.ec/

　BASE では、専門分野に特化すればするほど、お客さんやファンがつきやすい傾向にあります。

　ぜひここであなたらしさを発揮し、素敵なお店を作ってみてください。

　なお、本書を読んでお店を作ったよ！という方は、著者のツイッターやインスタグラムなどでもご紹介させていただきます。

第 **6** 章

SNS が大事、無料でできる集客方法

1

集客はシンプルなこと

　この章では集客についてお話ししていきます。

　インターネットでの集客はとてもシンプルです。要は、自分のサイトを見にきてもらえばいいのです。自分のサイトにいかに遊びにきてもらうか。どんなに素晴らしい商品が並べられていて、素晴らしい写真があっても、お客さんが見てくれなければ意味はありません。

　まずは来てもらうために何ができるかを考えてみましょう。

　そもそも、世の中はものを売るために、いろいろな職業が存在しています。車を例にとってみましょう。

　まず、作るメーカー、メーカーの仕事を受ける下請けの会社、売るためのコマーシャルを作る会社、映像を作る会社、ホームページを作る会社、その中でも SEO 対策の会社、キャッチコピーの会社などなど…。

　要は、物を売ること。売れること。経済はこれで回っています。

　物を売るために、お客さんに、こんなものがあるんだよって見てもらうこと。これが集客です。

　お客さんが来なければ売ることもできません。お客さんに来てもらい、それでも売り上げが上がらなければ、他にいろんな理由があるのです。

　売れない理由はその時に考えてみましょう。

　来てもらう、見てもらうというシンプルなことを通り越し、売れる売れないに注力をすると、見ていても楽しくないネットショップが出来上がります。

　たとえば、車のコマーシャル。値段を打ち出していますか？

　この車は家族で乗るとこんなに広々、街中もかっこよく乗れる、音が静か…など、まずは興味をひくようなコマーシャルをしていませんか？

　これも、まずは車を売っているディーラーに、お客さんが来て、そして車を実際に見て、試乗して気に入って買ってもらう。そのためのコマーシャルです。

　あなたの商品に例えるならば、この商品を使うとこんなにお部屋が可愛くなるんだ、このアクセサリーの材料を使うとこんなに素敵な作品ができるんだ…このように、お客さんの未来が楽しくなることを打ち出してみましょう。

　こういうことを知ることで、その人の生活や感性が豊かになります。今まで知らなかったものに触れて、もっと便利でもっと快適な暮らしができるようになるかもしれません。

　いろいろなサイトを見ていると、これを買ってください、あれを買ってください、が多すぎる気がします。

　たとえば、ある商店街にお店があったとしましょう。お店の中に誰も入ってこなければ、当然ものは売れるわけがありません。

　なのに、お店の中に、これ買ってください、あれ買ってください、と表示があったとしても、そもそも誰も来てないのだから、誰に向かって買ってください、と言っているのかすら、わかりません。

ネットショップだと、目の前にお客さんがいるわけではないため、ここが不透明になってしまい、ついつい買ってくださいとうるさいお店になってしまうのです。目の前にお客さんがいるならば、お客さんが去っていく姿がわかるため、ああ、何かダメだったんだ…と反省ができます。でも、ネットは誰がどのタイミングであなたのショップを見て、どんな反応をして去っていくのか、全く見えません。そのために想像力が必要なのかもしれませんね。

　そしてもう１つ忘れがちなことがあります。
　ネットだろうが商店街だろうが、お客さんは人です。買う場所が違うだけです。買う場所が違うだけということは、ネットの方が買いやすいものもあり、リアル店舗の方が買いやすいものもある。その違いだけです。
　結局は人に売っている。ここを忘れないようにしましょう。いろいろ見ていても、誰に対して何を売っているのかわからないお店がたくさんあります。

　仮に、あなたが商店街に小さな雑貨屋さんをオープンしたとします。名前を「雑貨屋 トコ」としましょう。馴染みがない土地でオープンしたこのお店にどのようにお客さんを呼ぶか。これを前提に集客をすることで、やり方やいろんなツールの使い方が変わってくると思います。

　本章では、一緒に「雑貨屋 トコ」にたくさんお客さんを呼ぶ方法を考えていきましょう。

まとめ

●お客さんに来てもらうことが集客。

　どんなに素晴らしい商品があっても、お客さんが見てくれなければ意味はない。

●ネットでもリアルでも、
お客さんは人であるということを忘れない。

　誰に対して何を売っているのか、明確にしよう。

2

イメージでファンを増やすインスタグラム

「雑貨屋 トコ」。

商店街にポツンと出来ました。中には海外から買い付けた素敵なアンティーク雑貨やジュエリーが展示されています。

しかし、外から見ると重厚感のある展示台などが高そうに見えるのか、なかなか人は入ってきません。それもそのはず。このお店には、実はまだ看板もないのです。お客さんは、何屋さんなのか、やってるのかやってないのかすらわかりません。

ここでやらなければいけないことは、このお店は●●屋さんです。何時から何時までやっています。●●があります。ということをお知らせすることです。ここから集客は始まるのです。

実店の場合、数万円で看板をつけます。そして今日オープンしました。と折り込み広告を入れたりもします。

ネットの場合、まずは、SNSのアカウントを作ります。アカウントを作るのにはお金はいりません。そのため、何も戸惑うことはありません。SNSのアカウントを作成してみましょう。これがまず看板代わりです。看板を見て、こういうお店があるんだ、と知る。そういう流れを作ります。実店だと既に10万近くお金が出て行ってしまいますが、ネットショップだとここまでは無料です。

はじめに、インスタグラムのアカウントを作ります。

　インスタグラムは写真や動画を投稿して、コミュニケーションをとることが主な目的のため、可愛い雑貨などを扱っている場合は、特にオススメです。

　アカウントを作成したら、プロフィールにお店のロゴ（後で変えられる）や販売しているもの、お店の名前、何時から何時までオープンしているか（発送が可能な日）、などを記載してみましょう。また、お店の場所（URL）も記載してみます。

　プロフィールで書くことは、リアルなお店と同じなのです。特別なことはほとんどありません。

　そして、販売している商品の写真にハッシュタグを載せて、投稿をしてみましょう。

　お店の名前やコンセプトなどの固定のハッシュタグを数個決めておき、その後商品ごとにハッシュタグを変えてみるようなスタイルがいいと思います。

　ハッシュタグとしては、メジャーな言葉、マニアックな言葉、長い言葉など組み合わせてみましょう。

　また、土地にブランド感がある場合は、地名も入れておくのがオススメです。生かせるものは生かしましょう。たとえば、横浜とか代官山とか、ブランド感のある地名から商品を送る場合には、地名も入れてみましょう。

　写真も、商品の写真や使い道がわかる写真などを投稿しておくと良いでしょう。一概にこれがいい！と言い切れるものではありませんが、いろいろ試してみるうちに、あなたスタイルが出来てくるはずです。

　投稿するときの文章は、あまり宣伝ぽくしない方がオススメです。

たとえば、

『　赤いイヤリングが可愛いすぎて、たくさん仕入れてしまいました。これは実物をみてもらいたい!! 付けたあなたをみてみたい!!　』

とか、

『　試食のつもりが…美味しすぎて…止まらなくなってしまいました。
　　お菓子の画像　』

とか。
こんな投稿はなぜかほっこりします。
逆に、

『　これは●●でいくらいくらでお得で今しかない！　』

みたいな投稿だと、投稿は見ますが共感はしません。ほっこりするような投稿をしてみましょう。
　コツとしては、肩肘張らないスタンスでいるのが一番かと思います。

　BASE は、インスタグラムと連動しており、インスタグラムから直接商品を購入できるという仕組みがあり、相性は抜群です。BASE でショップをやる方は、インスタグラムは必須 SNS です。

　しかし、インスタグラムだけに集客を頼ってはいけません。あく

まで写真を投稿するコミュニケーションツールだということを忘れずにおきましょう。

　あなたのお店でこんなものが売っているよ、とみんなに見てもらうツールです。そこにお店の人ならではのエピソード、たとえばお菓子でしたら、たまには生産者の顔などもアップします。

　たまに宣伝ぽい内容を入れるのは構いませんが、毎回毎回だとフォロワーも離れていきますので気をつけましょう。

　また、フォロワーがたくさんいたらいい、というものでもありません。確かに、フォロワー1万人はすごいのですが、それよりも、もっともっとコアなフォロワーを増やすように考えてみましょう。

　そのためには、共感してもらうことです。仕入れたエピソードや実際にお店の人が使ってみた感想などを載せておくのもいいでしょう。

まとめ

●ネットショップでは、インスタグラムが看板代わり。

● BASEでショップを運営する場合は、
インスタグラムは必須SNS。

　ただし、インスタグラムはあくまでコミュニケーションツールであることを忘れずに。

3

コアなファンを増やすフェイスブック

　あなたはフェイスブックのアカウントはお持ちでしょうか？　も
し今持っていないよ、という方でも、個人の投稿は何もなくても構
いませんので、アカウントを作っておくことをオススメします。

　フェイスブックはインスタグラムと連動ができ、なおかつ本名で
の登録が推奨されています。また、アカウントを持っていないと閲
覧ができず、インスタグラムに比べて、文字多めの情報を発信でき
る場でもあります。おそらく年齢層や職業にもよるのかもしれませ
んが、フェイスブックをよく活用している方は、仕事で使っている、
あるいは誰かとの連絡ツール（メッセンジャー）として使っているな
ど、何かの目的があって使っている場合が多いです。

　「雑貨屋 トコ」で言えば、インスタグラムは看板。フェイスブッ
クは、お店の中のポップ。こんなイメージでもいいかもしれません。

　フェイスブックでは、お店のページを作ることができます。また、
「いいね」をしてくれた方には、あなたのお店のフェイスブックペー
ジが更新されると通知がいきます。

　興味を持ってお店に入ってきてくれた人には、商品に対する思い
や、なぜこの商品をあなたが仕入れることになったのか、などを投
稿してみましょう。

　ゆっくり読んで共感してくれる人もいるはずです。そのためコア
なファンを作る場だと私は感じています。

　今まで、フェイスブックを活用した例でこんなことがありました。

　私は、イタリアからベネチアマスク（仮面）を仕入れました。これを売るためにいろいろ試行錯誤をした結果、イベントを開催することになりました。それまでの間、私は1週間に数回、仮面に関する思いを綴りました。しかし、イベントがあと1ヶ月後に迫ろうとしていたときになっても、集客に苦労をしておりました。

　そこで、フェイスブックにイベントページを作成。さらに、数千円の広告を出してみました。

　すると…投稿を読んでくれていて、なおかつもう一歩踏み出すことができなった人たち、またその人たちの友達、そして知らない人まで、一気に20名ほど申し込みがありました。

　結局は定員を上回る人数を集客することができ、大盛況に終わったのです。

　ちなみにイベントの料金は2時間で6000円ほど。決して安いものではありません。

　この経験から、新商品が入荷する前、入荷した後など、フェイスブックに投稿をし、思いを綴る習慣をつけました。

　週1でも2週間に1回でも構いませんので、インスタグラムと連動させるのとは別に、フェイスブックだけに投稿してみることもオススメします。

　「雑貨屋　トコ」で言えば、お店に入ってきてくれたお客さんと会話したり、これは●●なんですよーと商品について話をしてみたり。より深いコミュニケーションをする、そんな感覚でやってみてください。

　投稿のちょっとしたコツです。こちらも同じ。売り込みすぎない

こと。買ってください、はいりません。

　こうした時にああだったからこれを仕入れた。私はこう使っている。などなど具体例を入れたりもしてみましょう。

　数回のそんな投稿の合間に、たまにキャンペーンのお知らせなどを入れてみるのはいいでしょう。フェイスブックのページをご覧の方限定、のようなキャンペーンです。

　あなたのお店に興味を持ってもらうこと。あなたのお店や商品への思いを知ってもらうこと。そのうえで、キャンペーンなどの宣伝などをしてみるといいと思います。

　なお、少しずつ売り上げが伸びてきて、もっと売り上げを伸ばしたい。そう思ったときには、数千円で広告が出せます。いずれ使ってみるのもいいと思います。

まとめ

●インスタグラムが看板ならば、
　フェイスブックは、お店のポップ。

　文字多めの情報も発信できるため、商品に対する思いを綴ろう。コアなファンを作る場として利用できる。

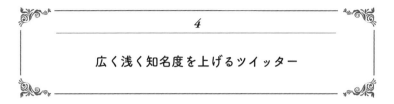

4

広く浅く知名度を上げるツイッター

　あなたはツイッターのアカウントをお持ちでしょうか？ もし持っているなら、1 つショップ用のアカウントを用意して、運用してみましょう。

　ツイッターは、限られた文字数と画像の投稿ができます。限られた文字数でインパクトのある投稿ができたら…いわゆるバズる状態を作ることもできますが、急には難しいですし、狙いすぎると、バズるどころかハズす可能性もありますので、自然体でツイートしてみましょう。ここでも、あまり宣伝ぽくなりすぎないようにすることが大切です。

　また、ツイッターは匿名でアカウントが作れる分、リツイートや「いいね」も付けやすい特徴があります。

　最初はいろんな人の投稿をリツイートしたり、コメント付きでリツイートしながらフォロワーを増やしていきましょう。

　ツイッターは広く浅く自分のお店の認知を広げる、こんな感覚で運営をしてみましょう。リアル店舗に例えるならば、少し遠くにある看板、テレビコマーシャルのような感覚です。

　ただし、看板やテレビコマーシャルと違うことは、誰かとコミュニケーションをとることができ、自分で言葉を発することができることです。

では、具体的にどんなツイートが良いのでしょうか?

あまり関連がない事柄でやるのは好ましくありませんが、今日のトレンドのハッシュタグの中に自分のお店に近いハッシュタグが表示されていたら、トレンドタグの感想を述べつつお店についても触れてみたり、商品の写真を挿入し感想を一言投稿してみたりするのが良いかと思います。

ツイッターを見ていると、企業の商品の宣伝などが表示されます。いいなと思うものは投稿の仕方だけ真似てみるのもオススメです(丸パクリはダメですよ)。

特に時間帯などはチェックしてみましょう。大手企業は時間帯なども計算しツイートしている場合が多いです。

時間帯を真似しても誰にも怒られませんので、いろいろな時間帯を試してみるのもオススメですよ。

私の場合ですが、ツイッターは、私の商品が役立ちそうな人を考えたうえで、キーワード検索をしました。

特にビーズなどを扱っていたときは、ミンネなどのハンドメイドサイトに出品している方が主なお客さんになるため、ミンネというキーワードで検索をし、表示された方にリツイートをしたり、「いいね」をしたりして、フォロワーを増やしました。

興味がありそうな方たちを探してフォローしていったため、比較的フォロワーが増えた気もします。やはり手軽にできるということもあり、こちらが投稿した内容に関しては、リツイートしてくれたり、「いいね」をくれたりします。

　とはいえ、名前や存在はなんとなく知ってもらえたかもしれませんが、BASEのアクセス解析を見てみると、ツイッターからも人は訪れているものの、そこから誰かが買ってくれているかと聞かれれば、少ない確率だと思います。

　遠くの看板を見て、お客さんが来てくれる確率がそんなに多くないことと同じですよね。

　ただ、いろんなお店がある中で、お店に訪れてくれる人がいるだけでも（しかも無料で）ありがたいとは思います。

　特にSEO対策をしたわけでも、楽天などのモールに出したわけでもなく、無料で投稿して人が見にきてくれる。これだけでもまずはありがたいことです。

　ツイッターは無料で拡散できる便利なツールです。たくさんの人に知ってもらうためのSNS。

　これを頭に入れつつ、是非ツイートしてみてください。リアルのお店がその場にずっとあると固定客がつくように、続けることが売り上げを上げるコツでもあります。

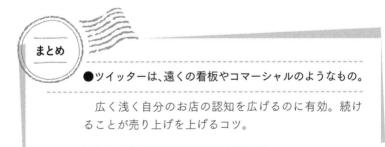

まとめ

●ツイッターは、遠くの看板やコマーシャルのようなもの。

　広く浅く自分のお店の認知を広げるのに有効。続けることが売り上げを上げるコツ。

5

簡単、アクセス解析のチェックで
さらにお客さんを呼び込む

　BASE は、とても簡単にアクセス解析ができます。何のキーワードを見て、何を検索してこのサイトに来たか、まではわかりませんが、どの SNS を経由して、あなたのショップにお客さんが見にきたのかは知ることができます。

　もちろん、少し専門的な知識を身につけると、もっと詳しく知ることはできますが、その方法をお話しすると、かなり長くなってしまうことと、私もアクセス解析については専門ではないため、こちらでは省略させていただきます。

　BASE のメニュー画面、データをタップすると、売り上げ、注文数などが表示されます。画面を上にスワイプするとウェブ集客が表示されています。こちらはアクセスして来た人数です。そして SNS 経由の流入数も表示されています。

　ここがポイントです。あなたが SNS に投稿をして、どんな投稿に反響があったかがわかるのです。

　たくさん流入した日のツイートやインスタグラムの投稿。写真が良かったのかタイミングが良かったのか…何か良い理由があると思います。

　ここをつかむことができると、常に反響が良い投稿をすることができます。

　今までの私の経験ですと、夏に涼しそうな綺麗なグリーンのビーズの写真を掲載したときに、とても大きな反響がありました。

　また時には、フェイスブックで商品にかける思いなど、語ってみる。これに共感してくれる人がいると、ファンが増え、反響も良くなります。ただいつも語るとそのうち飽きて見てくれなくなります。

　何でも、バランスが大切ですよ。

　といっても、慣れてくるまでは、何をどう投稿してデータを見るのか、わかりませんよね。

そこで、

月曜日　朝

水曜日　昼

金曜日　夜

土日どちらか朝か夜

	月	火	水	木	金	土	日
朝	▨					▨	▨
昼			▨				
夜					▨	▨	

こんな形で投稿をしてみてください。

翌週には曜日と時間をシャッフルします。

翌週

月曜　夜

水曜　朝

金曜　昼

前回土曜に投稿したのであれば、日曜

	月	火	水	木	金	土	日
朝			▨			▨	
昼					▨		
夜	▨						▨

　反響がある時間帯は、商品にもよります。ある物を欲しい人がたくさんいる時間帯があります。ここにうまく当たると反響が良くなります。

化粧品 … 夜
会社やお店で使う物 … 昼間
服、アクセサリー、時計 … 朝
子供用品 … 日曜日

　これは今まで私が試した結果です。朝に意外に反響が良いのは、通勤通学時間でスマホを眺めている人が多いからだと思います。

　ただ、時代も変わっていますし、2020年3月にあった新型コロナウイルス感染拡大防止のための臨時休校や、オフピーク通勤のように、急に人のリズムが変わってしまう場合もあります。2021年はオリンピックもあり、今まで蓄積したデータが通用しなくなる可能性もあります。
　そのため、あなたの商品の反響が良い時間帯を調べるため、あなたなりのデータを無理のない範囲で集めていきましょう。

　BASEは結果が出るのが速いですし、すぐにデータがわかります。そのため楽しく続けられるはずですよ。

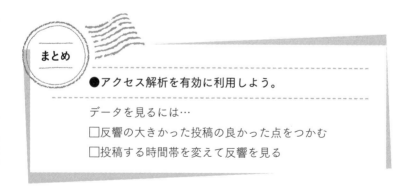

まとめ

●アクセス解析を有効に利用しよう。

データを見るには…
□反響の大きかった投稿の良かった点をつかむ
□投稿する時間帯を変えて反響を見る

6

検索用キーワードを設定し
検索エンジンからお客さんを呼び込む

　ついつい、BASE でお店をやっている人が忘れがちなことがあります。それは、インスタグラムと BASE が連動しているため、インスタグラムだけに夢中になり、肝心なことが抜けてしまうことです。

　あなたがインターネット検索で、何かを探すとき、キーワード検索をしませんか？もちろん、インスタグラムなどから流入する人もいますが、キーワード検索をしてあなたのサイトに訪れる人もいるのです。そのときに、必要なのはキーワード。
　キーワード検索をしてサイトを見つけてもらいやすくすること。これを SEO 対策といいます。大企業であっても小さなお店であっても、キーワード検索でよりサイトに訪れてくれる人を増やすこと。増やすために、検索したときに検索結果の 1 ページ目の上位にサイトが表示されること。これは永遠のテーマかもしれません。

　ただし、大企業と小さなお店では設定するキーワードが違います。
　仮にあなたが化粧品を売りたくて、化粧品をキーワードに設定しても、同じキーワードを設定している大手の化粧品会社や同じ業種の人があまりにも多く、1 ページ目どころか 10 ページ目くらいでようやく表示されるかどうかでしょう。

　1 ページ目に表示されなければ、訪れてくれる人は少なくなります。このように、できれば検索結果の上位にページを表示させて、

訪れてくれる人を増やすことを考えていきましょう（ここでは、一般的によく使われている方法でお伝えしていきます）。

　大切なことが3つあります。
　1つ目は、訪れる場所があるかどうか、要はホームページ（ショップページ）があるかどうかです。これについては、お店がもうあるため大丈夫ですね。
　2つ目は、どんな言葉でお客さんに来てもらいたいか。キーワードです。これが一番大切です。
　3つ目は、リンクです。あなたのお店がリンクされている場所、実店でいうならば、道のようなものです。

　まず、キーワードについてですが、あなたはあなたのお店をどうやって検索しますか？
　仮に、雑貨を売っているとします。インテリア雑貨です。メタリックなおしゃれなインテリア雑貨が多かったりします。
　こんなとき、「インテリア雑貨」と検索しますか？

　メタルインテリア小物　メタル　シンプル　小物

　などで検索しませんか？？
　このように、キーワードを絞り込んでいきます。

　「インテリア雑貨」などの大きなキーワードでは、ほとんど検索されない（ページの表示が何ページも後になる）ため、いろんなキーワードを書き出してみましょう。

　そして、キーワードが決まったら、ページ内に自然な感じで入れます。入れ方が不自然すぎたり、キーワードだけを羅列したり、無理やりキーワードを入れたりしても、あまり意味がありません。

　というのは、グーグルは、機械学習システムを展開しているため、文章の意味を評価して順位を決めているそうです。そのため、誰にでも意味がわかりそうな文章を書くよう心がけてください。誰にでもわかりやすい文章は結局、お客さんにもわかりやすいのです。

　文章に入れる箇所は、下記の通りです。

ページのタイトル

本文

見出し（これは BASE ではあまり関係ないです）

　では、キーワードはどのようにして文章中に入れると良いでしょうか？？

　「アンティーク雑貨」、「オシャレ」をキーワードにした場合の例を挙げます。

　オシャレなアンティーク雑貨専門店　●●

　毎日過ごす家だから、オシャレなアンティーク雑貨に囲まれて過ごしたい。こんなコンセプトで運営をしています。

　オシャレなアンティーク雑貨に囲まれた空間にいると、自然と気分もリフレッシュします。当店は海外のオシャレなアンティーク雑貨メーカーに最初は直接足を運び、仕入れをしています。

　本来、「オシャレ」と「アンティーク雑貨」は少し離して書いて

も良いのですが、このキーワードの場合、離すことで全く違う文章になってしまいそうなため、繋げました。このような形で自然に入れると良いかと思います（「アンティーク雑貨」も大きなキーワードではありますが、例のため使用しました）。

また、巷には、何パーセント入れるとよい、などの情報もありますが、ここはあまり考えず、とにかくキーワードを自然に文章に入れることを心がけましょう。

ちなみに、BASE の SEO のアプリをインストールすることで、検索結果に表示されるタイトルや、ページごとのキーワード設定など細かい設定をすることができます。

次に、リンクについてです。リンクをたくさんもらうことを、被リンクと言います。これが多いと良いサイトということで、検索結果も上位になると言われています。

大きな会社のサイトや便利なサイトなどは、いろいろな人が自分のブログにリンクを貼って紹介することも多いため、被リンクが多いと、良いサイトと認識されるのです。

また、リンクを貼ってもらうサイトの質もあります。中身がないようなサイト 100 件から被リンクをもらうよりも、1 つの良いサイトからもらう方が効果があります。

昔は、中身がないブログを量産してリンクを貼るなんていう対策もありました。しかし、あまり意味がないどころか、逆効果となることもありますので注意しましょう。

ただし、ショップの場合は、BASE のモールから、あなたのお店はリンクをもらっている状態です。

そのため、慣れるまではキーワードに集中しましょう。

これを覚えておくだけでも、全然違います！ぜひやってみましょう。

●キーワードでサイトを
　見つけてもらいやすくする工夫をする。

　　誰にでもわかりやすい文章を書き、文章中に自然な
形でキーワードを入れよう。

●リンクをたくさんもらうのも効果的。

7

楽々更新！
BASE のブログでお客さんを呼び込む

BASE では、ブログアプリをインストールしブログを更新することができます。もちろん、他のモールでもブログ機能はあるのですが、BASE はとにかくラク。操作がとても簡単なうえ、商品ページの URL なども簡単に入れられます。

また、BASE MAG という BASE のショップオーナーが書いた記事を紹介しているショッピングメディアがあります。公開されるには審査があるため、こちらに掲載されると、かなりの流入が見込めます。

審査に通る基準は非公開のため、断言はできません。しかし、BASE MAG と同じ内容の記事をブログにも書くことができますので、ブログを公開しながら書いてみると良いかと思います。

大切なのは、宣伝くさくないこと、そしてある程度読みやすくて、人に商品以外の情報も伝えられる記事であること、です。インテリア雑貨であるならば、こんなシーンで使うと場が華やぐとか、木とメタルの相性がいいとか、ちょっとした情報を伝えられると読み手も面白いかと思います。人は商品説明が知りたいのではなく、困っていることを解決するための方法や、より楽しく過ごすための情報が欲しいのです。

そこで、1つポイントをお伝えします。

これは、審査云々の判断基準とは別で考えてもらいたいのですが、

思わず誰かに話したくなっちゃう情報を書くこと。噂話などではないですよ。実はこの商品には歴史があって…など、売り手ならではの知識です。面白ければ、思わず誰かに話したくなっちゃいませんか？

　BASE MAG に掲載されなくても、それを目にしたお客さんが誰かに話すかもしれません。●●っていう店を見たんだけど…

　こんな風に誰かに話してもらえたら、嬉しいですよね。

　ネットショップでも、身近な人にショップを紹介することもあります。口頭で紹介してもらったものの威力は計り知れません。頭の中で、あなたのお客さんになりうる人が同じ趣味のお友達に話したくなっちゃうようなこと…こんなことを想定しながらブログを書いてみましょう。

　決して宣伝くさくなりすぎないように、注意してくださいね！

　ブログのためにも、一度売れる商品の条件に戻り、読み返してみることがオススメですよ！

　また、他の方のブログを参考にしてみるのが一番の勉強です。

▶ BASE MAG　https://thebase.in/mag/

ぜひ記事を読んでみましょう！

　また、著者の個人的な感想ですが、宣伝くさすぎない文章の参考にする際、クリーマというハンドメイドサイトの読み物コーナーがオススメです。

　いつも読みながら、これを書いている人は素晴らしいな…と思っています。モールやお店のカラーを損なうことなく、宣伝くさくなく記事を書き上げる！

最初から完璧なものを目指さなくても、続けることが上達への近道です。ぜひ無理なく続けてください。

まとめ

●ブログでお客さんを呼び込む。

　ポイントは、宣伝くさすぎず、思わず誰かに話したくなっちゃう情報を書くこと。
　最初から完璧を目指さず、続けることが上達への近道。

8

ショップカードと手書きメッセージが
リピーターを増やす

　新規のお客さんがあなたのお店に来店することはなかなか大変。しかし、一度訪れて買い物をしてくれた人が、またあなたのお店に寄ることは、新しく来店するよりはずっと楽チンです。

　あなたも考えてみてください…道端にポツンとあるお店。入るのは勇気がいりませんか？　入りたいな、でもな…と思い、なかなか入れないことも。

　世の中にはいろんなお店に堂々と入っていくような人たちもいますので、一概には言えませんが、ほとんどの人が初めてのお店には入りづらいのではないでしょうか。

　そして、一番最初に訪れてくれる人は、初めてのお店でも堂々と入っていけるようなタイプの人である可能性は高いです。そんな人にはまたお店に来てもらい、このお店はよかったよ、とレビューを書いてもらいましょう。

　あ、誰かが行ったことのあるお店なんだな。じゃあ私も行ってみよう。不思議なことに、こんな安心感を抱く人は多いのです。

　ではどうやってリピーターになってもらえば良いのでしょうか？

　BASEに付いている機能として、メール機能というものがあります。フォローメールを設定し、買い物をしたお客さんに送るのです。お手元に商品は届きましたか？　使い道でわからないことなどあれ

ば聞いてくださいね…などなど、あなたもネットショップで買い物をしてこんなメールが届いたことはありませんか？？

　もちろんこれはかなり有効です。でも、もう１つかなり有効なものがあります。なんでもデジタルやネットで完結してしまう現在だからこそ、人の温かさに触れるもの。
　それはメッセージカードです。え？そんなこと？と思いましたか？　もしくは面倒と思いましたか？

　私はかつて【あとりえとこ】というアクセサリーパーツ専門店を運営していました（現在は「MISERU あとりえとこ」というインテリア雑貨店）。
　このお店は、なんと80パーセントがリピート客でした。最初はすごく頑張って更新していましたが、売れる仕組みを作ってからは、さらに月１回仕入れして、週に１回ページを更新していただけで、普通のサラリーマン並みの給与をもらっていました。
　そのため、平日はいつもゆっくりしていて、仕事をしなくてもお金がある人と思われていたようです。私の場合は、夜に仕事をすると集中できました。当時専業でやっていたため、午前に発送業務、昼から夜まで休憩していました。ただ、集中するときは、他から電話が来ないタイミングなどで仕事をし、かなり集中していました。
　それだけ売り上げをキープできた秘密は、メッセージカードでした。

　週に１回３時間程度のページ更新と、手が空いた時のメッセージカードの書きだめ。不思議なものです。たったこれだけのことです。

　その後、私自身の引越しや、当時暇そうに見えたからか、いろい

ろな頼まれごとを受けてしまった忙しさがあり、一度ネットショップからは遠のいてしまいました。しかし、その時のノウハウがあるからこそ、今この本を書けているのです。

　こう話すと、私は字が汚い、文章が苦手…と言われる方もいます。でも、小学校の義務教育を卒業しているくらいの文章力で十分です。

> 　この度はお買い上げありがとうございました。
> 　商品に不備等はございませんでしたか？
> 　これからも楽しいお店作りをしていきますので
> 　また遊びにきてくださいね。

　この程度で十分すぎるほど十分です。
　ありがとうございました！の一言でも良いくらいです。
　文字も、綺麗汚いというよりは、丁寧に書ければ大丈夫です。はっきり言って、文字の綺麗汚いにこだわる人は…あまりいません。
　できるところから一歩一歩始めていきましょう！

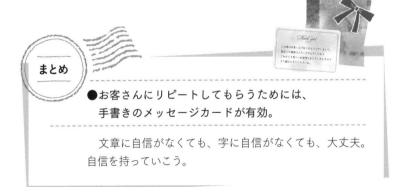

まとめ

●お客さんにリピートしてもらうためには、
手書きのメッセージカードが有効。

　文章に自信がなくても、字に自信がなくても、大丈夫。
自信を持っていこう。

大公開！ほぼ0から売り上げを
アップさせる方法

　さて、一番気になる売り上げの上げ方。私が実践している内容を大公開します。ぜひ真似してください。これは、数年前から（媒体は変わりましたが）やり方はほぼ同じ、そして今でも続けています。この売り方を知っているからこそ、私はいつも余裕でいられるのです。最悪、何もかもが0になっても、また0から始めればいいや。そんな風に思えるのは、自分でたくさんのお金（おそらく家一件分（笑））と労力をつぎ込んだノウハウがあるからこそ。

　まず、商材を売れる条件に当てはめ、いくつか単品（1個単位）で仕入れます。そして、メルカリ、ヤフオクにて反響テストします。
　これを1ヶ月続けます。売れたら次は2個仕入れ、3個仕入れ…と、果たして継続的に売れるものなのか、確認をします。
　継続的に売れると実感（最低5回は売れ続ける）したら、今度はBASEに掲載します。
　その後、まずヤフオクから、その商品は消します。
　そして、インスタグラムにその商品写真を掲載します。いくつか写真を投稿していくうちに、こんな投稿が表示される場合があります。

　この表示…最近の投稿より見ている人が多いという意味ですが、この表示が出てきましたら、チャンスです。

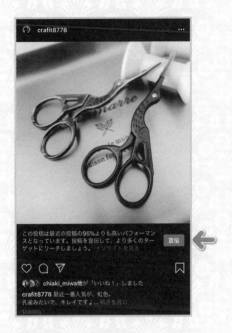

　まずはプロフィールやショップページへの流入が多いという意味でもあります。これでも十分ですが、私の場合は、1日300円の広告を土日に合わせて2日間、600円で出します。

　すると、まず知名度が上がります。アクセスが増えます。当然売り上げも伸びます。

　多い時で1日6件ほどの注文が来ます。

　BASE に掲載、インスタグラムに投稿、広告を出すまでの作業時間は30分くらいです。

　さらに、1週間ほどでフォロワーも増えますし、次の投稿も売り上げに繋がりやすいです。

　私の場合は、いつもインスタグラムは独り言のような投稿が多いです。イメージとしては心で会話する感じ。

先ほどの写真だとしたら、"孔雀みたいにキレイです♪"
（心の声　目の保養になるから買ってね）

　など…心の声を表に出すと売り込みになってしまうので、心で留めておきます。インスタグラムはコミュニケーションツールですからね。売り込むならショップページがありますので…こんなスタンスです。

　ある程度1つの商品に対して、コンスタントな売り上げが見込めた段階で、次にメルカリからも削除します。
　ここで、終わりではありません。
　新しい商品をテストするときに、一度削除した商品を、またヤフオク、メルカリにも出します。
　なぜなら、新しい商品は果たして売れるのかわかりませんよね。そのため、既存客や私のラインナップが好きな人にも再度来てもらうためです。このような流れを繰り返しています。
　ちなみに、今はインスタグラム、ツイッターなどSNSが主流ですが、ひと昔前はなかったため、グーグルの広告を使っていました（今でもたまに、他のネットショップなどで使う場合もあります）。
　そのため、ある程度お金もかかりましたし、設定が難しかったのですが、今はとても楽チン。

　今回、なんとなく手順は覚えたかと思います。次は、ぜひ実践してみてください。やり方を覚えたら、あとは習うより慣れろ、です。
　やっていくうちに、この方法は私には向かない、こうしたらどうだろう？？などなど、あなたなりのノウハウや売り方があなたの知恵となります！

Special benefits
特典

ライン公式アカウントにご登録

読者さま特典 URL をご案内します
（感想をいただけるとうれしいです）

書籍に掲載できなかった情報を随時更新 🎵

また、ショップ作りのヒントにしていただけると幸いです。

BASE　MISERU アトリエとこ

https://atliertoco.buyshop.jp/

おわりに

　私は、本書を執筆するにあたり、週5日、とある職場にOLとして勤務しました。なぜかというと、本業がないと副業はできないから。副業しないと副業の本なんて書けるわけがない。そう感じたからでした。

　私が選んだ職場は、今風とは言い難い職場でした。
　フレックスタイムでもない、堂々と副業ができるわけでもない、さらに、少しでも席を外すと冷たい視線を浴びるような、古風な職場でした。
　そして、常に人手不足の状況で激務。時には昼休みも取れないこともあり、職場でスマホを触る時間すらない環境でした。
　今まで、きっちり時間が決められた、規則が厳しいような職場にいたことはなかったため、かなり戸惑いました。

　朝7時半ごろ、一番混み合う東海道線上り列車に乗ります。その後、新橋で降り、天気の良い日は職場まで歩き、天気が悪い日は、またとても混雑する銀座線に乗り込みました。
　そのなかで、私が培ったノウハウを使い、副業を試してみました。
　通勤電車でどれだけのことができるのだろう、都内まで通う人は1日どれくらい副業ができるのだろう。それを自分の体で確かめるために約1年通いました。
　いくら机上でできると思っていても、実践しなければできると人には言えません。

　結果、私のノウハウは、アレンジすれば働きながらもできる、さらには電車の中でも取りかかることができると確信し、出版にいたりました。
　本書を手に取ってくださった方は、ぜひ本を読みながら実際に取りかかってください。
　旅行に行くとき、旅行のガイドを買いますよね。でも旅行に行かなければ、旅行とは言いません。本も同じです。読んでいるだけではやったことにはなりません。
　知識は試すことで知恵に変わります。知恵はあなたの体の一部となります。

　私にとって本書を世に出すことは、1人でも多くの方に、私が体感している安

心感や余裕を経験して、自分のものにしてもらいたい。この想いが強くあります。

　私は今まで、なかなか働きに行くことができない主婦の方に向けて、ネットショップのとっかかりとして、メルカリやハンドメイド作品の売り方などのセミナーを開催してきました。そのなかで、自分で稼げるようになった！と声をいただくたびに、やっていてよかったなあ…と思います。こんな方がもっともっとたくさん増えるといいなあと心から思うのです。

　あなたが本書を読み、得られた小さな気づき。これはいずれあなたの財産になります。そして、小さな気づきを積み上げたら、あなたなりのノウハウをぜひ作ってください。あなたのノウハウは、今のあなたと同じ状態の方がこれから欲しいと思うノウハウになるはずです。

　また、5万稼ぐノウハウと100万稼ぐノウハウはさほど変わりません。5万を達成したら、100万稼ぐ切符を手に入れていると同じことです。したがって、どんどん上を目指して挑戦してみてください。そのために私も常に最新のノウハウなど発信していきます！

　最後に、お世話になった方々にこの場を借りてお礼を申し上げます。
　『もう一度解いてみる　入試数学』の著者であり、【すうがくやさん】の店主である鈴木伸介さん、『ひざ痛は消える！』の著者であり、出版の機会を教えてくださり応援してくださった中村哲也さん、そして、書籍の企画や構成など多岐にわたりアドバイスをくださり応援してくださった漆山龍太郎さん。ぱる出版の岩川実加さんや関係者の方々。不安定な時期も挑戦を応援してくれた著者スクールの松尾昭仁先生、大沢治子さん、それに私の両親。
　心からお礼申し上げます。ありがとうございました。

　本書を手に取った方の明日がもっと楽しくなりますように…
　願いを込めて。

2020 年某月　小代有美

小代 有美（おじろ・ゆみ）

日本初ネットショップ BASE 副業の専門家。
会社員として働きながら、2018年10月より BASE のネットショップでアクセサリーパーツを、BASE 運営代行としてスイーツとリボン素材、動画コンテンツを販売。4ショップでの月間売上は80万円ほど。1店舗につき、1週間に1回の更新と、3日に1回のインスタグラム更新のみのため、4店舗の運営は通勤時間1時間でほぼ完了するまでになっている。
主婦や働く女性向けに、0からはじめるネットショップのセミナーを開催し、今まで200名以上が参加。ラジオや雑誌などメディアからも多数取材を受ける。公的機関からの要請でセミナーを開催したこともある。

ブックデザイン　町田えり子
企画協力　　　ネクストサービス株式会社（代表 松尾昭仁）
編集　　　　　岩川実加

BASEで月5万稼ぐ　HAPPYネットショップ副業♡

2020年7月 9 日　初版発行
2021年7月21日　2刷発行

著　　　者　小代有美
発　行　者　和田智明
発　行　所　株式会社 ぱる出版
　　　　　　〒160-0011　東京都新宿区若葉 1-9-16
　　　　　　代表 03(3353)2835　FAX 03(3353)2826
　　　　　　編集 03(3353)3679
　　　　　　振替 東京 00100-3-131586
印刷・製本　中央精版印刷株式会社